종의 마음

당신이 하나님을 더 깊이 알아가고 더 널리 알리는 사람이 되는 것, 이 책에 담긴 도서출판 예수전도단의 마음입니다. 말씀을 통해 저자가 깨닫고, 원고를 통해 저희가 누릴 수 있었던 그 감동이 책을 통해 당신에게도 전해지기 원합니다. 그리고 당신을 통해 그 기쁨과 은혜가 더 많은 이에게 계속해서 흘러가기를 기도하겠습니다. 이 책을 통해 당신이 받은 은혜를 다른 분들에게도 나눠주십시오. 사랑하고 축복합니다.

Copyright © 2022 by David E. Ross & Gary A. Parrett
The Heart of A Servant
Korean Copyrights © 2024 by YWAM Publishing Korea

본 저작물의 한국어판 저작권은 도서출판 예수전도단에 있습니다.
저작권법에 의해 보호받는 저작물이므로 무단 전재와 복제를 금합니다.

종의 마음

오대원 × 게리 패럿
David E. Ross and Gary A. Parrett

The Heart of
a Servant

예수전도단

*이 책에서 인용한 성경은 대한성서공회의 개역개정판을 따랐으며 다른 판본은 따로 표기했습니다.

Unless otherwise indicated, Bible quotations are taken from the English Stand Version (ESV) of the Bible. Copyright 2001 by Crossway Bibles, a division of Good News Publishers.

내 아들아 네 마음을 내게 주며
네 눈으로 내 길을 즐거워할지어다

- 잠언 23:26 -

주님 내가 여기 있사오니 내 마음을 가지사
당신의 사랑으로
충만한 마음 되게 하옵소서

- 헨리 나우웬 -

추천의 글

°마치 배고픈 아이가 맛있고 영양가 있는 음식 앞에 있는 것처럼 이 책을 단숨에 삼켜 버렸습니다! 그리고 여러 번에 걸쳐 더 많이 읽고 싶은 마음이 간절합니다. 이 책의 내용은 교수들이나 '지식 있는' 사람들만 깊이 이해할 뿐 아니라, 하나님의 모든 자녀가 다 빨려 들어갈 수 있는 내용이라고 확신합니다. 또한 이 책은 마치 사랑이 많은 부모가 자기 아이를 정말 알고 왜 그 아이의 마음과 상태가 그러한지 이해하면서 위로부터 임하는 지혜를 명확하게 가르쳐 주듯이, 사역에 지친 사람들을 대하고 가르쳐 줍니다.

 이 책은 독특합니다. 독자들은 이 책에서 두 명의 저자가 서로 교차하며 등장하는 것을 보게 될 것입니다. 한 저자는 산문으로, 다른 저자는 시로 표현하면서 성경이 말하는 영광스러운 하나님을 섬기는 의미가 무엇인지를 더욱 완전하고 '입체적인 소리'로 들려줍니다. 섬기기를 바라는 사람들에게 이 책은 정말 올바르고 아름다운 비전을 통해 영감을 줄 것입니다. 지금 섬기고 있는 사람들에게는 온전한 길로 잘 갈 수 있게 도우시는 친절한 인도를 느끼게 해 줄 것입니다. 혹시 섬김 가운데 고갈되고 지쳐 있는 사람들에게 이 책은 모든 의를 이루신 분을 즐거워하며 섬기는 기쁨으로 돌아가도록 인도하는, 이해심 있고 회복시키는 친구가 되어 줄 것입니다. 이 책을 써 주셔서 정말 감사합니다!!

이현미 | 피아니스트, 어머니, 음악사역자
| 연주곡들과 PDF 악보들이 부록 1에 수록되어 있습니다.

○저는 오대원 목사님을 우리 시대의 영적 거장 가운데 한 분이라고 생각합니다. 오대원 목사님과 그의 아내 엘렌 사모님의 사역은 오랫동안 한국 기독교 역사를 형성해 왔습니다. 「종의 마음」은 그들의 일생의 가르침의 최고봉을 압축한 책입니다. 그러나 이 책은 단순히 생각들의 개요에 그치지 않습니다. 게리 패렛(Gary Parrett)의 교리적인 찬송과 음악 연주가 곁들여져서, 독자들은 이 책에 기록된 통찰력이 예배로 조율됨을 발견할 것입니다! 이 책은 건강한 신학이 어떻게 송영으로 이어질 수 있고 이어져야 하는지 알게 하는 지침서입니다. 이 책을 한 번 읽는데 그치지 말고 주의 깊게 반복해서 읽고 묵상함으로 삶을 형성하게 돕는 그 경건한 지혜를 깊이 성찰하기를 추천합니다. 이 책은 영적 신학과 기독교 실천의 역작이라 말할 수 있습니다.

크리스 천(Chris Chun)
| 캘리포니아 주 로스앤젤레스 소재 게이트웨이 신학대학원
| 교회사 교수, 조나단 에드워즈 센터 디렉터

°이 책은 정말 훌륭합니다. 각 장 마지막에 예배와 묵상을 위한 찬송이 실린 것도 너무 좋습니다. 이것은 정말 아름다운 제사이며, 소중한 자료입니다. 이 귀한 것을 나눠 주셔서 정말 감사드립니다!

줄리 테네트(Julie Tennent) | 교회 음악가, 찬송가 작곡가
| 그 찬양 악보가 부록1에 수록되어 있습니다.

°워싱턴 주 먼로에 있는 성령의 샘 공동체 리더로서 이 책의 추천사를 쓰게 되어 영광입니다. 추천의 글을 써 달라는 부탁을 받았을 때, 이 책이 제 상황에 너무 잘 맞아서 단숨에 읽었습니다. 「종의 마음」은 예수 그리스도와 같은 종 된 리더가 되기 원하는 사람이라면 반드시 읽어야 합니다. 이 책은 야망을 품고 자기 자신의 영광을 취하려는 리더들을 위한 책이 아니라, 하나님께 영광 돌리기 위해 무명으로 남기를 마다하지 않는 겸손한 리더들을 위한 책입니다.

저자인 오대원 목사님은 종 된 리더로 일생을 살아오셨고, 계속하여 종 된 리더로 사는 법을 보여주고 계십니다. 한국 예수전도단의 설립자인 그는, 아내 엘렌 사모님과 함께 60년 전에 장로교 선교사로 한국에 오셨습니다. 25년 간 한국에서 사셨던 그를

하나님은 미국으로 다시 부르셨고, 전 세계에 흩어진 한인 디아스포라들과 일하게 하셨습니다. 저는 오대원 목사님을 30년간 알아 왔고, 그가 하나님의 참된 종이라고 자신있게 말할 수 있습니다. 그의 메시지는 항상 성경에 뿌리를 두고 있으며, 그는 말씀대로 살아갑니다. 이렇게 그가 하나님의 권위 위에 서 있고 하나님의 뜻에 기꺼이 순종하기에 그가 전하는 말씀은 힘이 있습니다. 그는 종 된 리더로서 그의 삶을 향한 하나님의 뜻은 모두를 사랑하는 것이라 믿습니다. 우리가 하나님의 사랑받는 자녀이기 때문입니다. 이 책은 베테랑 선교사가 썼기에 영향력 있기도 하지만, 또한 저자 자신이 직접 겪은 삶의 경험을 기반으로 쓰였기에 더 영향력 있습니다.

저는 오대원 목사님과 게리 패렛(Gary Parrett) 두 분을 다 최고로 존경합니다. 게리 목사님은 살아있는 기적이며, 끔찍한 사고에서 회복되는 과정을 통해 하나님은 그분의 선하심을 계속해서 보여주고 계십니다. 게리의 삶에 나타난 하나님의 선하심 때문에 저는 이 책을 읽으면서 눈물을 흘릴 수밖에 없었습니다. 게리는 많은 고통을 겪었지만, 저는 이 책을 읽으면서 소망을 갖게 되었습니다. 제가 이 책으로 은혜를 받은 만큼 여러분도 은혜받으시기를 기도합니다. 독자 여러분이 그리스도를 따르는 사람이라면,

이 책은 여러분을 깨워 그리스도를 닮고자 노력하는 참된 종의 삶을 살게 도와줄 것입니다. 글을 통해, 그리고 실제 삶을 통해 영감을 주시는 오대원 목사님과 게리 패럿에게 감사드립니다.

피터 양 목사 | YWAM AIIM(YWAM 안디옥선교훈련원) 대표

○『종의 마음』은 주님의 집을 세우는 것과 지상명령을 성취하는 것 사이의 연관성을 신선하게 밝혀 보여주는 중요한 책입니다. 선지자 학개의 말처럼 오대원 목사님과 게리 패럿 목사님은 성경 말씀과 삶의 경험, 자연적 환경, 그리고 연주가 동반된 찬송 원곡들을 '세심한 주의'를 기울여 연합시킴으로써 하나님을 영화롭게 하고, 교회가 종의 의미와 정신을 수용하도록 돕는 일을 했습니다. 저는 1980년대에 한국에서, 또 뉴욕에서 오대원 목사와 엘렌 사모, 그리고 게리와 홀리 패럿 옆에서 함께 사역하는 기쁨을 누리며, 잘 듣고 주의를 기울이는 것이 얼마나 중요한지 배웠습니다. 하지만 『종의 마음』을 읽고 난 뒤에야 모든 나라에 종들이 심겨져 자신의 지역사회 및 세상을 변화시키기 위해 노력하는 모습을 보고 싶은 그들 인생을 지배한 사명의 깊이를 더 온전히 이해하게 되었습니다.

이 책은 종의 도의 다양한 측면을 이해하기 원하는 모든 사람을 위해 때 맞는 말씀일 뿐 아니라 '동산에 서 있는 조각상'을 넘어 치유와 평안이 실제 일어나 우리의 영적, 자연적 환경을 변화시키도록 깨어진 세상을 섬기는 일의 중요성을 인식하고자 하는 모든 사람에게 시기적절한 말씀입니다. 「종의 마음」은 믿는 자들이 하나님께 더 전적으로 순종하게 격려하는 소중한 책일 뿐 아니라 다시 읽으면서 하나님 및 공동체와의 친밀함을 묵상하고 되새길만한 가치가 있는 책입니다.

마크 M. 챔버스(Mark M. Chambers)
뉴욕 스토니 브룩 대학교(Stony Brook University)에서 환경사를 가르치며 현재 리타알렌 도시과학 연구소(Rita Allen Civic Science)의 펠로우로서 환경 정의 문제를 연구하고 있습니다.

CONTENTS

· 추천의 글 ·· 6p

· 머리말 ·· 14p

· 감사의 말 ·· 18p

· 서문 ·· 20p

제 1장 하나님의 사랑에 둘러싸여 ·· 22p

제 2장 고난받는 종 ·· 34p

제 3장 고난받는 종은 만유의 주이시다 ·· 50p

제 4장 종의 능력 ·· 60p

제 5장 정의의 종 ·· 78p

제 6장 말씀의 종 ·· 96p

제 7장 사랑의 종 ·· 122p

제 8장 평화의 종 ·· 136p

제 9장 종의 공동체 ·· 152p

제 10장 숨겨진 종 ·· 172p

제 11장 종의 사역의 역설 ·· 192p

제 12장 세상 속의 종 ·· 210p

제 13장 종의 부르심 ·· 224p

· 종들에게 보내는 **오대원 목사**의 마지막 말 ·· 238p
· 종들에게 보내는 **게리 패럿**의 마지막 말 ·· 241p
· 부록 1 ·· 244p
· 부록 2 ·· 247p

머리말

"그리스도의 말씀이 너희 속에 풍성히 거하여 모든 지혜로 피차 가르치며 권면하고 시와 찬송과 신령한 노래를 부르며 감사하는 마음으로 하나님을 찬양하고"(골 3:16)

"술 취하지 말라 이는 방탕한 것이니 오직 성령으로 충만함을 받으라 시와 찬송과 신령한 노래들로 서로 화답하며 너희의 마음으로 주께 노래하며 찬송하며"(엡 5:18~19)

예배는 하나님을 영화롭게 하는 동시에 교회를 세워야 한다. 기독교 예배는 거기에 참석하는 사람들을 실제로 어떻게 형성해 가는가? 계시와 반응의 리듬이 우리의 삶을 형성해 간다.(사 6:1~13, 롬 12:1~2) 우리가 예배를 드릴 때 인격이신 하나님, 그리고 그분의 일과 뜻이 우리 가운데 더 크게 계시되고, 우리는 그 순간마다 더 신실한 반응으로의 부르심을 받는다.

오대원 목사님의 묵상을 읽으면서, 내가 전체 또는 부분적으로 작곡한 수백 곡의 노래와 찬송 중 각 장에 어울리는 노래들이 종종 내 마음에 떠올랐다. 그것은 마치 오대원 목사님의 성경적 가르침 가운데 계시된 진리에 내 마음이 노래로 반응하는 것 같았다. 성경적 가르침과 찬송 사이에는 강력한 연결고리가 있으며, 이것은 홀리와 내가 오대원 목사님, 엘렌 사모님과 함께 자주 경험하던 것이었다. 우리는 그들의 영적 가르침으로 진정한 은혜를 맛보았으며, 그들은 우리의 노래를 가장 꾸준히 사랑해 준 분들 중 하나였다. 오대원 목사님의 책에 기여하는 나의 작고 불완전한 부분을 통해, 우리 하나님을 예배함, 그리고 하나님의 계시와 우리의 반응 사이의 리듬이 살아계신 전능한 하나님의 종 된 우리 자신의 모습의 일부가 되기를 기도한다.

아내 홀리와 나는 뉴욕에서 사역하던 중 1985년에 처음 오대원 목사님과 엘렌 사모님을 만났고, 그 이후 내내 그들로 인해 참된 복을 누려왔다. 우리는 종종 그들과 함께 사역하는 특권을 누렸고 특히 미국에 있는 한인들 가운데서 사역했으며, 지혜롭고 경험이 풍부한 이 섬기는 리더들로부터 어떻게 목자가 되는지 배웠다. 하지만 이 머리말을 쓰고 있는 이 시점, 나는 가장 힘들었던 시간 동안 거듭해서 나를 품어주고 돌봐준 신실한 종들의 은혜를 입은 수혜자로 감사하며 서 있다.

2010년, 나는 한국에서 일주일 동안 강의를 마치고 스리랑카로 가는 도중에 일어났던 치명적인 공항버스 사고에서 살아남았다. 그 사고로 인해 14명이 즉사했으며, 그중에는 내 사랑하는 친구 케니 예 목사(Pastor Kenny Ye)도 있었다. 나는 심각한 외상성 뇌 손상(TBI)을 입었고, 사고 후 10주 동안 혼수상태에 있었다. 이 상해로 인해 나는 이전처럼 사역할 능력을 많이 잃어버렸다. 신체 및 이동의 장애는 물론, 생각하고 말하고 가르치고 글 쓰는 모든 능력이 영향을 받았다. 사고가 난 지 약 18개월 후, 나는 빼앗긴 것들과 이제 남겨진 직면해야 할 모습을 놓고 씨름하면서 정신 붕괴를 겪었다. 지난 11년간 지속 되었고, 아직도 진행 중인 나의 전 회복 기간 동안 오대원 목사님과 엘렌 사모님은 나와 내 가족에게 큰 힘이 되어 주신 종들이었다. 그들은 기도를 통해 우리와 함께 해 주었을 뿐 아니라, 우리가 직면한 모든 위기 상황에서 확실하고 실질적이며 영적인 방법으로 우리를 기꺼이 섬겨 주셨다. 내게 정신 붕괴가 왔을 때, 그들은 우리를 하와이 코나에 불러 그들이 섬기던 YWAM 제자훈련학교(DTS)에 함께하게 해 주셨다. 아내 홀리와 나는 그들의 사랑과 관대함 그리고 영적 섬김을 통해 엄청난 치유를 받았다. 그들이 일어나 우리와 함께 서서 우리를 도와 지나가게 했던 시간은 셀 수도 없이 많다. 그들은 거듭 거듭 예수님의 은혜와 종의 마음을 본으로 보여주며 실천하셨다.

이 책을 펴내는 프로젝트의 일부를 담당하도록 나를 초대해 주신 것 또한 나를 향한 오대원 목사님의 섬김이며 사역이라고 나는 생각한다. 그는 뇌 손상으로 인한 나의 상실과 한계를 잘 알고 있었지만 내가 이 중요한 프로젝트의 일부를 담당하도록 하나님과 나를 신뢰해 주셨다. 작은 부분을 감당하면서도 나는 계속하여 나를 향한 그의 참을성 있고 겸손한 종의 마음에 기대었어야 했고, 그에 말할 수 없이 감사하고 있다.

이 책에 담긴 내용은 머리에서 나온 지식이 아니라 오대원 목사님과 엘렌 사모님이 그들의 삶과 사역을 통해 신실하게 살아낸 종의 마음으로부터 흘러나왔다. 우리는 하나님의 종인 이 두 분의 산증인이

자 그들의 은혜를 감사함으로 받은 사람들이다. 그리고 이 종들이 하나님과 그의 백성을 섬겨온 길을 잘 살펴 따를 때 우리는 축복을 받을 것이다.

**주 예수의 종이 되기를 배우고 있는
게리, 홀리 패럿(Gary and Holly Parrett)**

* 부록 1에 나오는 게리 패럿의 모든 노래는 YouTube 채널(gap2Theos)에 실려있다.
https://tinyurl.com/theheartofaservant

감사의 말

"보라 형제가 연합하여 동거함이 어찌 그리 선하고 아름다운고 헐몬의 이슬이 시온의 산들에 내림 같도다 거기서 여호와께서 복을 명령하셨나니 곧 영생이로다" (시 133:1, 3)

이 풍성한 생명은 우리에게 주신 선한 목자의 선물이며, 그분과만 나누어 가지는 것이 아니라 전 세계에 흩어져 있는 그리스도 안의 형제자매들과 함께 나누어 가지는 생명이다. 이 생명은 너무나 부요하고 아름다워서 그 깊이와 아름다움을 만끽하려면 하나님께, 그리고 서로를 향해 이 생명을 노래해야만 한다. 우리는 하나님을 예배하도록 창조되었으며, 게리 패럿은 그 진리를 "계시와 반응의 리듬이 우리의 삶을 형성해 간다"라는 말로 잘 표현했다.

우리는 이 책이 주님의 종 됨이 무슨 뜻인지에 대한 하나님의 계시를 받는 것과 묵상과 예배를 위해 찬송으로 반응하는 것의 조합을 통해 계시와 반응의 리듬을 표현해내기를 간절히 바란다. 우리가 각 장의 가르침 후에 나오는 예배의 찬송을 부를 때, 하나님은 우리에게 당신 자신을 더 많이 계시하실 것이며, 우리는 성령이 우리의 삶을 다시 빚어 고난받는 종으로 오기를 선택하신 우리 구주 예수 그리스도를 닮아가게 하고 계심을 발견하게 될 것이다.

이 책을 전 세계의 형제자매들에게 제공하는 일에 게리 패럿과 사역할 수 있음은 특별한 축복이다. 게리가 작곡한 찬송들을 들을 때, 또 다른 찬송가 작가의 말이 떠오른다. 마틴 루터(Martin Luther)는

1523년에 "하나님의 말씀이 음악의 형태로 사람들 가운데 거하게 하기 위해" 찬송을 썼다고 기록했다.*(Plough Quarterly 잡지, 2022년 봄, p.79)* 이것이 독자들을 향한 우리의 바람이다. 엘렌과 나는 여러 해 동안 게리와 홀리와 함께 아름다운 우정을 나눴으며, 그들은 우리의 친구일 뿐 아니라 영적 멘토였다. 이 아름다운 찬송들을 듣고 노래하고 게리와 홀리의 해석을 읽으면서, 나는 하나님이 게리에게 그 연약함 가운데 주신 지혜와 힘의 새로운 깊이를 발견하고 있다. 주님만이 얼마나 많은 사람이 그들의 사랑과 지혜를 통해 축복을 받아왔는지 아신다.

이 책을 준비하면서 우리는 함께 종 된 우리의 사랑하는 친구 여러분 모두를 기억하고, 여러분으로 인해 하나님께 감사의 기도를 드렸다. 여러분은 우리의 자격이나 상상 훨씬 이상으로 우리 삶을 축복하고 부요케 해 주었다. 이 중대한 시기에 기쁨으로 하나님을 섬기는 여러분에게 하나님의 열매가 계속해서 풍성하기를! 탁월한 교정으로 이 책을 다듬어 준 데비, 베키, 주디에게 감사하고, 훌륭한 한국어 번역으로 이 책을 더 풍성하게 만든 김성보 목사에게 감사를 전한다.

**모든 영광을 하나님께 돌리며
오대원, 엘렌(David and Ellen Ross)**

---

* 각 장 끝에 있는 게리의 찬송들을 듣고 묵상하는 것이 중요함을 다시 한번 강조하고 싶다. 이 찬송들은 각 장에서 말하는 동일한 진리를 노래하기에 우리를 예배로 인도해 준다. 각 찬송은 부록 1을 참조하여 들을 수 있다. 진정한 신학(하나님과 그의 진리를 이해함)은 찬송(하나님을 찬양함)으로 이끈다.

서문

하나님의 영은 오늘날 전 세계에 운행하고 계시며, 그 마음이 하나님께 온전히 속한 자들을 찾고 계신다. 그런 사람을 찾으시면 하나님은 그를 사랑과 권능으로 채워 강하게 하신다. 그리고서 그 사람이 그의 종이 되어 세상을 변화시키도록 부르신다.

"아, 그러면 나는 아냐. 나는 목사나 선교사가 아니니까"라고 말하기 전에 이 점을 기억하라. 성경은 '종'이라는 단어를 특별한 부류의 크리스천을 의미하는 말로 사용하지 않을 뿐 아니라, 비록 어떤 종들은 위험한 지역에 살도록 부르심을 받았지만 그렇다고 해서 '종'이라는 말이 그런 사람을 지칭하는 극단적인 이름이거나 전문 직업의 호칭이 아니라는 점 말이다.

사실, 우리는 이미 종들이다. 우리는 모두 노예이며, 이 말은 신약성경에서 '둘로스(doulos)'라는 단어의 또 다른 의미이다. 우리는 돈이나 권력이나 성이나 사회적 지위의 노예일지 모른다. 이러한 것들이 오늘의 세상의 우상들이며 신들이다. 이 신들은 이 세상의 신, 곧 사탄의 지배를 받는다. 그러나 예수 그리스도가 사탄의 일을 멸하기 위해 이 세상에 오셨다(요일 3:18)! 그는 사탄이 아니라 하나님의 종이 되심으로써 그 일을 이루셨다. 그는 십자가에서 고난 당하고 죽으셨으며, 우리를 사탄의 통제로부터 해방시키기 위해 다시 살아나셨다. 그래서 우리는 더는 죄나 마귀의 노예, 혹은 종이 아니다. 우리는 이제 예수님의 종이 될 자유가 생겼다.

우리가 종으로서 하는 일의 가치는 일이나 섬김 자체에 있는 것이 아니라, 우리의 섬김이 하나님을 섬기는 것이라는 데 있다. 우리가 하나님의 종이 되기로 결정하면 무슨 일이 일어날까? 그것은 어떤 의미인가? 이 책의 목적은 하나님이 우리를 그의 종으로 부르신다는 성경적 의미가 무엇인지 독자들이 이해하게끔 돕는 것이다. 종은 이 현대 세상에서 어떻게 사는가? 예수 그리스도 안에서 하나님이 세상을 섬기신 대로 세상을 섬기기로 헌신한 교회에 오는 축복은 무엇인가? 어떻게 하면 나는 전 세계의 교회가 하나님의 종 된 교회가 되게 돕는 하나님의 도구가 될 수 있을까? 이 질문들에 대한 답은 우리가 고난받는 종 예수 그리스도의 삶, 그리고 하나님이 세상을 변화시키기 위해 사용하셨던 다른 종들의 삶을 살펴봄으로써 얻게 될 것이다.

제 1장

하나님의 사랑에 둘러싸여

여호와를 신뢰하는 자에게는 인자하심이 두르리로다

(시편 32:10)

사도 바울은 로마에 보내는 그의 편지의 서두를 "예수 그리스도의 종 바울"이라는 말로 시작함으로 자신의 참된 정체성을 보여주었다. 그에게는 사도, 교사, 선교사, 신학자 등의 많은 기능이 있었다. 그러나 이 중 어떤 기능도 그를 정의하지는 못했다. 하나님이 그를 부르신 사역 안에서 그가 가진 유일한 정체성은 예수 그리스도의 종이라는 정체성이었다.

이것은 그가 다메섹 선상에서 "주님, 무엇을 하리이까"(행 22:10)라고 물으면서 선택한 정체성이었다. 그는 부활하신 주님을 만난 순간 거듭났고, 하나님의 아들이 되었다. 이것이 그의 가족 정체성이 되었다. 그리고 "주님, 제가 무엇을 하기 원하십니까?"라는 질문은 그의 사역의 정체성을 드러냈다. 하나님의 자녀에게 이보다 더 큰 질문은 없을 것이다.

하나님의 포이에마(Poiema)

바울은 에베소 그리스도인들에게 쓴 편지에서 그들이 하나님의 포이에마(poiema, 시, 하나님이 지으신 걸작품)임을 상기시켰다. "그리스도 예수 안에서 선한 일을 위하여 지으심을 받은 자니 이 일은 하나님이 전에 예비하사 우리로 그 가운데서 행하게 하려 하심이니라"(엡 2:10).

하나님의 포이에마로서의 교회에 대한 게리 패렛(Gary Parrett)의 아름다운 노래와 분명한 묘사는 종 된 교회가 되는 것이 무슨 의미인지 이해하는 데 도움을 준다. 그는 우리 각자가 하나님이 손수 빚어 독특하게 창조하신 존재일 뿐 아니라(시 139), 또한 함께함으로 하나님의 예술품, 하나님의 걸작품, 곧 그의 포이에마임을 상기시켜 준다. 하나님이 우리를 창조하신 목적은 그가 우리의 삶의 길을 형성하기 위해 이미 위임해 놓으신 '선한 일'을 우리가 하게 하려 함이다.

하나님은 우리가 개개인으로서 그의 종이 되기를 원하시고, 더 중요하게는 함께 그의 종 된 교회가 되어 예수 그리스도 안에서 모든 것을 연합시켜 그의 나라가 오고 그의 뜻이 하늘에서처럼 이 땅에서 이루어지게 하시려는 그의 위대한 계획에 참여하기를 원하신다. 예수 그리스도는 우리에게 그의 종이 되라고 초청하시면서 우리가 그가 하신 대로 세상을 사랑할 때 그의 사랑으로 둘러싸일 것이라고 보장해 주신다.

종의 의미

성경은 주님의 종을 두 가지 방식으로 정의한다.

첫째, 종은 하나님께 속한 자이다. "내가 너를 지명하여 불렀나니 너는 내 것이라"(사 43:1). 우리는 하나님이 '소유하신' 그의 소중한 소유물이다. 그는 우리를 무조건적으로 사랑하시며, 소중하고 귀하게 여기시고, 보호하고 지키시며, 우리를 기뻐하시고 그의 사랑 안에서 우리를 계속 새롭게 하신다. 그리고 마치 매일 축제인 듯 즐거이 외치며 우리를 두고 춤추기까지 하신다(습 3:17). 시편 기자는 하나님의 종들이 그의 신실한 사랑에 둘러싸여 있다고(시 32:10) 말하며 이 사실을 아주 잘 묘사한다.

하나님은 아브라함을 부르신 것처럼(창 12:1~3) 우리를 언약 관계로 부르신다. 언약 관계는 약속과 명령을 포함한다. 하나님의 약속은 "내 평생에 선하심과 인자하심이 반드시 나를 따르리니"이다(시 23:6). '인자하심'은 히브리어로 헤세드(hesed), 곧 하나님의 확고하고 신실하며 변하지 않는 사랑을 뜻하는 단어다. 그의 사랑은 우리가 언제나 누릴 수 있는, 절대 마르지 않는, 그리고 평생토록 우리를 쫓아오는 사랑이다. 그것은 하나님의 종들을 그 아들 예수 그리스도의 형상으로 변화시키고야 마는 그의 능동적인 사랑이다. 오직 종만이 요한복음 10장 10절, "내가 온 것은 양으로 생명을 얻게 하고 더 풍성히 얻게 하려는 것이라"라는 말씀에 나오는 예수님의 약속을 이해할 수 있다. 그의 종들의 형통을 기뻐하시는 주님은 위대하시다(시 35:27)! 하나님은 우리가 조건 없이 순종하기를 명하신다. 우리가 하나님께 우리의 믿음의 순종을 사랑으로 드려 반응할 때 그리스도 안에 있는 언약의 삶이 완성된다.

한스 우르스 폰 발타자르(Hans Urs von Balthasar)은 나 자신을 포함한 많은 그리스도인의 기도의 삶을 변화시킨 그의 책「기도(Prayer)」에서 우리가 하나님의 신성한 본성에 참여한다고 말한다(벧후 1:3~4). 사도 요한이 생명의 말씀이신 예수 그리스도에 관하여 우리가 들은 바요, 눈으로 본 바요, 손으로 만진 바라고(요일 1:1) 말했을 때 그는 주님의 첫 제자들 뿐 아니라 오늘날 그의 제자인 우리 모두를 포함시켰다. 하나님은 그의 종들에게 '그분 안에 있는 생명을 열어' 주셨다. 그의 성령은 처음 예수님을 따르던 자들처럼 우리가 그리스도를 볼 수 있도록, 또 삼위일체 하나님의 '생명의 말씀'을 듣고 만질 수 있도록 계속하여 우리의 '마음의 눈을 밝히신다'(엡 1:18). 우리의 기도 생활의 큰 열매는 우리가 주님을 더 많이 알고 신뢰하고자 노력할 때 하나님이 '보고 듣고 만지는' 이 '믿음의 지식'을 펼쳐 주신다는 점이다. 하나님이 예수 그리스도 안에서 사람이 되셨을 때 그의 목적은 "하나님의 내적인 본성과 생명이 우리에게 열리고 친숙해져서, 우리가 하나님이 사랑이라는 말이 무슨 뜻인지 우리의 존재 그 자체로, 또 그래서 우리의 마음과 감각으로 체험할 수 있게 하는 것"이었다.[1]

하나님의 종은 하나님의 사랑의 높이와 깊이, 길이와 넓이를 알고 체험한다. 이것은 성부, 성자, 성령, 곧 삼위일체 하나님의 사랑이다. 삼위일체 중 한 분이 사람이 되어 이 사랑을 세상에 보여주셨다. 심지어 명목상의 기독교인들도 하나님의 사랑을 안다. 그 사랑을 선물로 받았기 때문이다. 그러나 주님의 종만이 모든 것이 하나님의 사랑으로부터 시작된다는 사실을 이해한다. 하나님은 세상을 사랑하시고, 그를 사랑하는 모두에게 그의 사랑을 세상과 나눌 그의 종이 되라고 부르신다. 이 점은 주님의 종 됨의 두 번째 의미로 이어진다.

둘째, 종은 하나님의 권위 아래 서서 그의 뜻에 순종할 준비가 된 사람이다. "너는 나의 종이요 내 영광을 네 속에 나타낼 이스라엘이라"(사 49:3). 하나님이 우리를 조건 없이 온전히 사랑하셨듯이 그의 종인 우리도 조건 없이 하나님께 순종한다. 우리는 순종으로 그에게 우리의 사랑을 드리기 위해 우리의 의견과 생각을 포함하여 우리 자신의 의지를 포기한다.

---

[1] 한스 우르스 폰 발타자르(Hans Urs von Valthasar), *Prayer(기도)*, Ignatius Press, 1986, pp. 177~182

예수 그리스도의 종 된 삶은 완전히 사랑에 관한 것이다. 종은 하나님이 "너는 나의 사랑하는 자녀, 나의 사랑하는 종이라"라고 말씀하는 소리를 듣는다. 우리는 하나님께 순종하는 사랑의 마음으로 우리 자신의 자유의지를 굴복시키며, 그렇게 함으로써 '종과 주인'의 개념 전체가 변화된다. 하나님의 종 됨은 인간의 굴욕적인 하인과 주인 관계와는 전혀 비교할 수 없다.

우리는 자신에게 위기가 닥쳤을 때 자기 뜻이 아니라 아버지의 뜻이 이루어지기를 기도했던, 고난받는 종 예수 그리스도의 발자취를 따른다. 그는 아버지를 사랑하고 아버지의 뜻 행하기를 기뻐했기에 그렇게 하셨다. 그는 아버지의 완전하신 뜻이 이루어지도록 자기 뜻과 계획과 생각을 버리셨다. 종들은 하나님의 뜻을 행하려고 간절히 기다리며 순종하기 위해 항상 귀를 기울인다. 종들이 하나님께 드리는 제사는 그들의 몸을 산 제물로 드리는 영적 예배다. 하나님은 그의 종들이 드리는 사랑의 순종을 기뻐하신다.

종으로서 삶의 출발

주님의 종이 되기란 쉽지 않다. 우리는 우리를 향한 아버지의 조건 없는 사랑에 압도당할 때라야만, 그리고 그에게 우리의 사랑을 온전히 드릴 때라야만, 그의 종이 되라는 예수님의 부르심에 응할 수 있다. 종들은 하나님을 사랑함으로써 시작한다. 그런데 우리가 하나님을 사랑하는 증거는 그리스도가 우리를 사랑하신 것처럼 우리가 서로 사랑하는 데 있음을 우리는 안다(요 13:34~35). "그가 우리를 위하여 목숨을 버리셨으니 우리가 이로써 사랑을 알고 우리도 형제들을 위하여 목숨을 버리는 것이 마땅하니라"(요일 3:16). 역사를 통틀어 볼 때, 세상은 종 된 교회를 즉시 알아봤다. "보라! 이 크리스천들이 얼마나 서로 사랑하는가!"

그러나 종 된 교회는 서로 사랑하는 데서 그치지 않는다. 하나님은 계속해서 그의 종들의 비전을 넓히신다. 그는 자기 백성 이스라엘이 오랜 포로 생활에서 돌아올 때 그들에게 말씀하셨다. 그들은 자기 민족의 남과 북 사이에 일어났던 분열을 치유하기 위해 열심히 함께 일하려고 했다. 그렇지만 하나님은 이렇게 말씀하신다. "그가 이르시되 네가 (너의 민족의 상처를 치유하기 위해) 나의 종이 되(는 것은) … 매우 쉬운 일이라 내가 또 너를 이방의 빛으로 삼아 나의 구원을 베풀어서 땅 끝까지 이르게 하리라"(사 49:6)

종 된 교회는 세상을 초청해서 이 좋은 소식을 나누고 그들 또한 하나님을 만나고 생명의 말씀을 보고 만질 수 있게 하라는 하나님의 명령에 순종한다. 폰 발타자르(von Balthasar)은 기도에 관한 그의 책에서 복음 전도 및 세상을 향한 우리의 사명의 긴급성을 말하며, 그리스도의 교회가 '세상에 빚을 지고' 있다고 말한다. 여기서 '빚'은 하나님의 영이 모든 인종과 모든 신조, 모든 나라의 사람들 안에 영적 배고픔을 일깨우시지만, 그의 증거하심은 유일한 구속자, 곧 생명의 말씀이신 주 예수 그리스도만을 향한다는 사실을 세상이 분명히 이해하게 하는 것이라고 주장한다.

세상을 향한 하나님의 마지막 말씀은 예수 그리스도다(히 1:1~2). 그는 우리에게 그의 종이 되라고 부르시는 위대한 고난받는 종이다. 그는 우리가 그가 하신 것처럼 세상을 섬기고 또 모든 사람을 초청하여 하나님의 사랑의 품 안에 들어가게 하도록 우리에게 능력을 부여해 주신다.

묵상과 예배를 위한 찬송

His POIEMA! 그의 포이에마
(에베소서)

하나님의 영광스런 은혜를 인해 예수를 찬양하라(Praise)
그가 우리를 위해 높고 거룩한 처소를 떠나셨으니
이 땅에서 우리는 그의 얼굴을 반영하리
우리는 하나님의 만드신 바라! (엡 1:1~2:10)

부활하신 우리 주의 한 몸 된(One) 우리
은혜에 의하여 믿음으로 말미암아 말씀으로 구원받았네
선한 일을 위해 새로 창조된 우리(2:10)
우리는 하나님의 자랑이라! (2:10~22)

그분으로부터 나오는 중보(Intercede), 그분을 위한 중보
그분의 더 큰 승리를 위해 기도하라
하나님의 진리를 나누고 하나님의 찬송을 하니
우리는 하나님의 시라! (3:1~21)

그의 몸의 건강을 위해 덕을 세우라(Edify)
하나님의 더 큰 부요함으로 순례자들을 갖추라
승천하신 우리 주가 도움을 보내시니
우리는 하나님의 손수 지으신 바라! (4:1~32)

우리가 약할 때 우리를 성숙하게 하는(Maturing)
시와 찬송과 신령한 노래를 말하리
경이로운 우리, 경이로움을 찾으리니

우리는 성령 충만한 하나님의 걸작품이라! (5:1~6:9)
전쟁에 불리우면 전신갑주(Armor)를 입네
구원의 투구를 이제 교회가 받들고
우리의 방패는 믿음, 우리의 검은 하나님 말씀
우리는 그의 포이에마라! 아멘 (6:10~24)

"너희는 그 은혜에 의하여 믿음으로 말미암아 구원을 받았으니 이것은 너희에게서 난 것이 아니요 하나님의 선물이라 행위에서 난 것이 아니니 이는 누구든지 자랑하지 못하게 함이라 우리는 **그가 만드신 바라 (자랑), (시), (손수 지으신 바), (결작품)**, 그리스도 예수 안에서 선한 일을 위하여 **지으심을 받은 자**(POIEMA)니 이 일은 하나님이 전에 예비하사 우리로 그 가운데서 행하게 하려 하심이니라"(엡 2:8~10)

나는 이 찬송을 매사추세츠 주, 해밀턴 제일 회중 교회(First Congregational Church)의 300주년 기념을 위해 지었다. 이 노래는 미국에서 가장 오래된 교회 중 하나에게 계속하여 세상을 향한 하나님의 포이에마가 되라고 구하는 나의 기도이자 격려였다. 이 찬송은 유일하게 에베소서 2장 10절에만 나오는 헬라 단어인 포이에마(POIEMA)의 알파벳을 각 문단의 첫 글자로 따서 지었다. 각 문단은 에베소서에 나오는 메시지를 제시한다. 찬송 가사 중 밑줄 친 단어들은 포이에마의 번역으로 좋은 말들이다. 그리고 **굵은 글씨**로 된 단어들은 포이에마의 알파벳을 첫 글자로 한 단어들이다.

이 찬송의 구성은 다음과 같다.

PRAISE(찬양)의 배경은 에베소서 1:1~2:10절이다.

ONE BODY(한 몸)은 에베소서 2:10~22절의 메시지이다.

INTERCESSION(중보기도)는 세 번째 부분(에베소서 3장)이다.

EDIFICATION(덕을 세움 (에베소서 4장))은

MATURITY(성숙함 (5:1~6:9절의 초점))과

ARMOR(전신갑주 (6:10~24의 초점))로 이끈다.

에베소서는 그리스도의 교회가 세상에게 어떤 모습이어야 하는지 보여주는 책으로 알려져 있다. NT 라이트(N.T. Wright)는 그의 책 「땅에서 부르는 하늘의 노래, 시편」[2]에서 이렇게 말한다. "바울은 어느 시점에서 그리스도인들을 '하나님의 시', '하나님의 예술품'이라고 말한다. 어떤 번역본들은 에베소서 2장 10절에서 '우리는 그의 작품이다'라는 표현을 쓴다. 바울이 그 구절에서 사용하는 헬라어는 **포이에마(poiēma)**로서 바로 이 단어에서 '시(poem)'라는 영어 단어가 파생했다. 하나님이 우리에게 시편의 시들을 선물로 주신 이유는 우리가 시편을 기도하고 노래함으로써 그가 우리를 세상에 선물로 주기 위해서이다. 우리는 살아있고 숨 쉬고 기도하고 노래하는 시가 되라는 부르심을 받았다."

---

2 *The Case for Psalms*, IVP 역간

오대원 목사님이 이 장에서 강조하시는 대로, 우리는 하나님의 종으로서 세상을 향한 포이에마가 되어야 한다. "예수 그리스도는 우리에게 그의 종이 되라고 초청하시면서 우리가 그가 하신 대로 세상을 사랑할 때 그의 사랑으로 둘러싸일 것이라고 보장해 주신다."

제 2장
고난받는 종

자기를 비워 종의 형체를 가지사 사람들과 같이 되셨고
(빌립보서 2:7)

60년 전 아내와 나는 코리아에, 다시 말하면 남과 북의 한민족에게 선교사로 가라는 하나님의 부르심을 받았다. 해가 가며 우리는 이 부르심이 한인들을 도전하게 하고 준비시켜 다른 나라들에 가서 선교사가 되게 하고, 그들이 세상을 섬기는 종의 사역을 하도록 훈련하는 것을 포함한다는 사실을 이해하게 되었다. 그리고 우리는 먼저 그들을 섬기러 갔지만, 곧 우리가 그들의 섬김을 받고 있다는 사실을 발견했다. 어떻게 하면 우리가 세상을 잘 섬길 수 있을지 함께 고민하며 계속해서 그 길을 찾아갔다.

기독교는 무엇이 독특한가?

우리는 '기독교는 무엇이 독특한가?'라는 가장 많이 오가는 이 질문으로부터 시작해야 한다. 많은 기독교 사상가는 기적이 기독교를 특별하게 만든다고 대답한다. 기적도 물론 중요하지만, 기적은 언제나 그 너머의 더 큰 무언가를 가리킨다는 사실을 잊지 말아야 한다. 신학자들은 교리가 우리를 독특하게 만든다고 말할지도 모른다. 그렇지만 교리만으로는 그 독특함을 설명할 수 없다. 또 어떤 사람들은 성취된 예언이라고 하거나, 혹 기독교 교회가 나라들을 도와 가난에서 벗어나고 번성하게 했다는 점을 말하기도 한다. 그러나 그중 어떤 답도 충분하지 않다.

나는 그 답이 '하나님이 세상에 무슨 말씀을 하고 싶어 하시는가?'라는 질문에 있다고 믿는다. 옛 시대에는 하나님이 선지자를 통해 여러 모양으로 말씀하셨다. 그런데 역사의 한 특정 시간에 하나님은 세상에 그의 마지막 말씀을 하셨다. 그 말씀은 바로 그의 아들, 예수였다(히 1:1~2)! 그의 말씀은 사실 세상을 향한 하나님의 위대한 사랑을 나타낸 행동이었다. 말씀이 사람이 되셨고, 이 땅에 사셨으며, 자신을 따르는 자들조차 그를 알아보지 못할 정도로 고난을 받으셨다. 그리고 십자가에 못 박혀 죽임을 당하셨다. 모든 큰 종교들은 그들의 신을 기쁘게 하려고 제물을 드린다. 그런데 하나님은 자신이 직접 희생제물이 되셨다. 온 세상의 죄와 슬픔과 질병을 친히 담당하고 죽으신, 고난받는 종이 되셨다. 하지만 그는 다시 사셨다! 세계의 종교 중 기독교를 독특하게 하는 점은 무엇인가? 바로 십자가와 부활이다!

이사야서 중 네 개의 고난받는 종의 노래
(사 42:1~4; 49:1~7; 50:4~9; 52:13~53:12)

예수님이 태어나시기 700년 전, 이사야 선지자는 예수 그리스도의 고난과 십자가, 그리고 부활에 대해 말했다. 하나님은 이 신실한 종에게 세상을 향한 그의 구원이 갖는 큰 신비를 계시해 주셨다. 온 이스라엘 백성이 수백 년 간 기다리고 고대하던 소식을 하나님이 이렇게 알리신다. 너희들의 메시아가 오신다! 그의 나라가 가까이 왔다! 이사야는 이 예언을 '고난받는 종의 노래'라고 불리는 네 가지 노래의 형태로 기록했다. 시나 예언적 글이 아닌 노래라고 부르는 이유는 노래로 해야 할 만큼 좋은 소식을 가져다주기 때문이다. 하나님은 오랜 포로 생활로 고통을 겪은 자들을 해방하셨고, 그들은 고향으로 돌아가게 될 것이다! 하나님은 그들을 속박에서 풀어주셨다.

그리스도인으로서 우리는 이 노래들을 단순히 읽지만 말고 노래로 불러야 한다. 왜 그런가? 우리가 이 네 곡의 노래를 읽고 묵상할 때 H.R. 매킨토시(H.R. Mackintosh)가 '우리 삶의 바로 중심에 있는 기적 그 자체'라고 부르는 것과 마주하게 된다. 우리는 우리 자신이 용서받았음을 발견한다! 우리는 하나님이 직접 우리를 자유케 하심을 경험했다. 사탄의 속박에서 해방되었고 죄에서 자유롭게 되었으며 더는 정죄함이 없다. 어떻게 노래하지 않을 수 있겠는가? 시편 기자는 다음 말씀으로 우리의 해방을 노래했다. "우리의 영혼이 사냥꾼의 올무에서 벗어난 새 같이 되었나니 올무가 끊어지므로 우리가 벗어났도다 우리의 도움은 천지를 지으신 여호와의 이름에 있도다"(시 124:7~8).

네 번째 고난받는 종의 노래(사 52:13~53:12)

네 번째 고난받는 종의 노래로 시작해 보자. 하나님은 모든 이스라엘 백성이 종이 되기를 원하시지만, 이 마지막 노래에서는 성령의 기름 부음 받은 한 종을 가리킨다. 그리고 예수님은 이 노래를 자신에게 적용하셨다. 그는 기름 부음 받은 자, 약속된 메시아, 그리스도 우리 주이시다. 그리고 그는 제자들이 그의 사명을 계속 이어갈 수 있도록 그들에게 성령을 약속하셨다. 우리 또한 예수님의 지상 명령을 완수하기 위해 그의 종이 되라는 부르심을 받은 제자들이다. 주님의 종이 되는 것이 무엇을 의미하는지 공부하기 시작하면서 하나님의 고난받는 종이신 예수님에 대한 노래보다 더 좋은 시작이 있을까?

이 종의 노래를 처음 들은 사람들은 두 가지 이유로 충격을 받았다. 첫째, 하나님의 나라를 가져올 메시아가 형체를 알아볼 수 없을 만큼 상한 모습으로 묘사되었기 때문이다. 그 누구도 다른 어떤 인간보다 상한 모습의 왕을 상상할 수가 없었다. 사람들이 충격을 받은 두 번째 이유는 이 왕이 높이 들리셔서 나라들 위에 지극히 높으시리라는 예언 때문이다. 메시아이신 예수 그리스도의 제자들만이 역설적으로 보이는 이 사실을 이해할 수 있었다. 이사야는 그리스도의 십자가와 부활을 말하고 있었기 때문이다.

부활은 우리가 십자가를 이해할 수 있게 해 준다

부활은 십자가에 못 박힘보다 먼저 언급되어 있다. 우리는 "보라 내 종이 형통하리니 받들어 높이 들려서 지극히 존귀하게 되리라"라는 말에 이어서 그의 외모가 형체를 알아볼 수 없을 정도로 손상되어 모든 사람이 놀랐다는 말을 듣게 된다(사 52:13~14).

왜 부활이 십자가보다 먼저 언급되었을까? 예수님이 십자가에 못 박히심은 우리가 그의 부활의 능력을 경험하고 난 뒤에 비로소 이해할 수 있기 때문이다. 사도 바울은 자기 삶의 유일한 목표가 그의 주이신 그리스도 예수를 아는 것, 곧 먼저는 그의 부활의 능력을 알고, 그다음에는 그의 고통에 참여하는 것이라고 서술했다(빌 3:10~11). 바울은 예수님이 고난과 사망을 무찌르셨음을 세상에 알리고 부활하신 주님 안에서 누구나 새 생명을 얻을 수 있음을 선포하라는, 그래서 세상에 소망을 주라는 부르심을 받았다. 그러나 바울조차도 다메섹 도상에서 부활하신 그리스도를 만나기 전까지는 십자가의 고난을 온전히 이해할 수 없었다. 그는 그리스도가 보이신 부활의 능력을 경험했고, 이 능력이 그에게 십자가를 이해할 수 있게 했다.

우리는 부활의 사람들이며 "할렐루야!"는 우리의 노래다. 우리는 그리스도가 세상의 죄를 위해 죽으셨음을 안다. 그 승리의 증거가 바로 그리스도가 죽었다가 다시 살아나셨다는 사실이다! 우리의 소망은 이 땅에서의 삶으로 제한되지 않는다. 그리스도는 다시 살아나셨고, 우리도 그 안에서 영원한 생명으로 다시 일어날 것이다. 이것이 공포된 소식이다. 그리고 이것이 성경에서 가장 위대한 말씀 중 하나인 이사야 53장을 이해하는 열쇠다.

십자가는 기독교 신앙의 핵심이다

십자가는 기독교 신앙의 핵심이다. 바울은 갈라디아서 6장 14절에서 십자가 외에는 자신에게 자랑할 것이 없으며, 십자가를 통해 세상이 자신에게 죽고, 십자가에 의해 자신이 세상에 대해 죽었다고 말한다. 우리도 또한 그리스도와 함께 십자가에 못 박혔다. 이제는 우리가 사는 것이 아니라 우리 안에 그리스도가 사신다. 이제 우리가 사는 삶은 우리를 사랑하사 우리를 위하여 자기 자신을 버리신 하나님의 아들을 믿는 믿음으로 사는 삶이다.

'무릎 꿇는 신학자'로 알려진 한스 우르스 폰 발타자르(Hans Urs von Balthasar)에 대해 앞서 이야기한 바 있다. 그는 기독교의 독특성이 세상에 알려진 가장 위대한 사랑의 행위에 있다고 강조한다. 그것은 절대적 사랑의 장엄함이며, 그 절대적 사랑은 하나님의 독생자 예수 그리스도의 십자가와 부활이다. 사랑만이 신뢰할 만하다.

십자가에서 무슨 일이 일어났는가?

이 중요한 구절들은 갈보리 십자가에서 실제 무슨 일이 일어났는지 말해준다. 하나님의 아들이 종으로 오셨다. 그저 단순한 종이 아니라 세상의 모든 슬픔을 몸소 지고 지금까지 살았던 모든 사람의 애통함을 짊어진 위대한 고난받는 종으로 오셨다. 그분은 자신이 오기만을 기다리고 갈망해 온 바로 그 사람들에게 멸시와 거절을 당한 슬픔의 사람이었다.

이사야는 특별히 십자가에서 일어난 네 가지 일들에 대해 말한다. 그는 우리의 허물 때문에 찔리고, 우리의 죄악 때문에 상하고, 우리의 평화를 위해 징계를 받고, 우리의 나음을 위해 채찍에 맞으셨다(사 53:5).

<u>그는 우리의 허물 때문에 찔리셨다</u>. 허물이란 우리가 매일 말과 행동으로 범하는 실제 죄들을 말한다. 그가 십자가에서 죽으심으로 그리스도는 자신들의 죄로부터 돌이키는 모든 사람을 날마다 용서하신다. 매일 아침 주님은 그분의 임재 안으로 우리를 초청하셔서 그의 자비하심과 때를 따라 돕는 은혜를 우리에게 내려 주신다(히 4:14~16).

- **그는 우리의 죄악 때문에 상함을 받으셨다** : 죄악은 죄의 마음, 곧

모든 인간의 마음에 존재하는 교만과 오만함, 반항 등을 말한다. 고난받는 종 예수님은 우리의 구원을 위해 세상의 교만의 무게가 자신을 짓누르게 허용하셨기에 완전히 상하고 일그러지셨다.

•**그는 우리의 평화를 위해 징계를 받으셨다** : 세상에 대한 징계를 예수님이 짊어지셨기에 우리는 하나님과 평화를 누린다. 하나님과 화목하게 되었고(롬 5:1), 이제 우리는 완전한 평화, 곧 샬롬(Shalom)을 누린다. 샬롬은 세상이 알 수 없는 내면의 온전함과 깊은 내적 평안이다(사 26:3). 예수님이 제자들을 떠나며 주신 선물은 이러한 평안이었다. "평안을 너희에게 끼치노니 곧 나의 평안을 너희에게 주노라 내가 너희에게 주는 것은 세상이 주는 것과 같지 아니하니라 너희는 마음에 근심하지도 말고 두려워하지도 말라"(요 14:27).

•**그가 채찍에 맞음으로 우리가 나음을 입었다** : 갈보리의 십자가에서 우리는 치유를 발견한다. 한번은 예수님이 제자 베드로의 집을 방문하여 베드로의 장모의 열병을 고쳐 주셨다. 마태는 이 사건을 그의 복음서에 기록하면서 이사야 53장의 약속을 상기시켰다(마 8:17). 예수님은 치유자이시다. 이것은 우리가 절대 아프거나 병에 걸리지 않으리라는 말이 아니다. 그러나 영적, 정신적, 감정적, 신체적 치유를 얻기 위해 소망을 품고 기도할 수 있다는 말이긴 하다. 사실 우리는 구약과 신약 둘 다에서 치유를 위해 기도하라는 명령을 받았다. 예수님이 십자가에서 완성하신 우리의 전인적인 구원 덕분에 우리는 확신과 담대함으로 기도할 수 있다.

우리가 받은 구원의 위대함

우리가 받은 구원의 위대함이란! '구원으로 영, 혼, 육, 모두가 새롭게 되었다!'는 것이다. 큰 구원으로 우리가 그의 종이 되도록 준비하시는 고난받는 종 안에 거함으로써 우리는 주님의 종으로 살기 시작한다. 그는 죄의 짐으로부터 그리고 성공과 돈, 힘과 명예나 쾌락의 수단으로 자신을 정당화하려는 불안감으로부터 우리를 해방하셨다. 어떤 주님의 종도 자신이 의미 없는 존재라는 생각으로 힘들어하지 않는다. 우리에게는 어떤 두려움도, 심지어 죽음에 대한 두려움도 없다. 우리의 영혼은 하나님께 닻을 내렸고, 우리가 그의 사랑에서 절대 끊어지지 않으리라는 확신이 있다.

그렇지만 우리의 구원은 이보다 더 크다. 우리는 이러한 것뿐 아니라 더 큰 일을 위해 자유롭게 된다. 자유롭게 된 우리는 하나님을 섬기고 다른 사람들을 섬기고, 심지어 다른 사람들을 위해 목숨까지 내어줄 수 있게 된다. 이 자유가 우리를 일으켜 세워 상상했던 그 이상의 일을 할 수 있도록 만든다. 더는 스러지지 않는 슬픔과 분노 속에 살 필요가 없다. 우리는 새로운 시작을 하고 비전을 확장하며 마음을 넓히는 새로운 자유가 생긴다. 또한 우리는 자유롭게 되어 그리스도가 우리를 사랑하신 것처럼 서로 사랑하며 희생적으로 세상을 사랑할 수 있게 된다.

하나님의 큰 사랑을 받은 우리는, 이제 화해의 대사가 되는 축복을 누리는 하나님 나라의 종들로 부르심을 받았다. 우리는 예수 그리스도 안에서 하나님과의 회복된 관계를 누리는 종이다. 자유로운 종, 정죄함과 죄의 권세로부터 자유케 된 종이다. 새로운 마음을 품고 세상을 사랑으로 섬길 준비가 되었다.

우리 마음에 노래를 품고 세상 속으로 나아가지 않겠는가? 그의 구원의 기쁨을 우리의 깃발로 삼고, 그의 성령의 능력을 우리의 힘으로 삼고서 말이다. 하나님의 약속을 우리의 확신으로 삼지 않겠는가?

"두려워 하지 말라 내가 너와 함께 함이라 놀라지 말라 나는 네 하나님이 됨이라 내가 너를 굳세게 하리라 참으로 너를 도와 주리라 참으로 나의 의로운 오른손으로 너를 붙들리라"(사 41:10)

묵상과 예배를 위한 찬송

<u>The Righteous One</u> 의로우신 분

(시 40:6~8; 히 10:1~25; 사 24:16, 53:11; 렘 33:14~16; 행 3:14; 7:52; 22:14; 요일 2:1)

우리 구주 세상에 오셨을 때,
하늘이 들은 그의 말씀,
"당신이 오늘까지 날 두셨음은
제사를 위해서가 아니요,
나를 위하여 한 몸을 예비하셨으니
내가 주의 뜻 행하기를 즐기옵니다
두루마리 책에 나의 삶이 기록되어 있으니
내가 행하리이다, 모든 말씀을"
후렴 : 할렐루야!
의로우신 분께 영광을

밤에도, 낮에도
율법은 그의 기쁨이었어라
계명마다, 구마다,
그의 순종 신실했어라
우리처럼 시험 당하시되
죄에는 절하지 않으신 그분
상하고 깨어진 아담의 아들들이여,
이제 눈을 들어 이 분을 보라
후렴 : 할렐루야!
의로우신 분께 영광을

천사들이 고개를 숙였는가?
천군이 입을 다물었는가?
죄를 모르신 그가
우리 위해 죄와 저주가 되셨을 때
그가 상함은 하나님의 기뻐하신 뜻,
한번에, 모두를 위해, 공의로운 분이 죽으셨네
주의 종은 그의 지식으로
수많은 이들을 의롭다 하셨네
후렴 : 할렐루야!
의로우신 분께 영광을

완벽한 그의 일 다 마치시고
그의 몸 무덤에 뉘이셨네
그러나 사망의 닫힌 문 열렸네
의로우신 분 다시 사셨네
하늘에 오르사
아버지와 함께 다스리시는
공의로우신 그 분 곧 다시 오시리
영광 중에, 심판의 왕으로
후렴 (×2) : 할렐루야!
의로우신 분께 영광을

우리의 의 되신 그가
죄에서 멀리하라 우리를 부르시네
미처 따르지 못한 우리
의로우신 분 예수 그리스도를
우리 눈 들어 바라보아야 하리니

그의 피가 더 나은 것을 말함이요,
그의 영원한 중보를,
우리를 위한 간구를 아버지가 들으심이라

주님의 구속 받은 자들에게
곧 문이 활짝 열리리
선하고 충성된 종, 의로우신 그가
곧 합당한 보상을 받으리
시온에서 난 자들, 그들의 영화로운 왕을
곧 닮으리, 온전히 빛어지리
온 땅 모든 하나님의 성도들
곧 노래하리, 거룩한 손 들고
후렴 (x2) : 할렐루야!
의로우신 분께 영광을

할렐루야! 고난과 죽음을 통해 우리를 죄와 사망의 묶임에서 자유케 하신 의로우신 분께 영광을! 그래서 "우리는 이제 하나님의 큰 사랑을 받고 그의 화해의 대사가 되는 축복을 누리는, 하나님 나라의 종들이 될 수 있다. 우리는 예수 그리스도 안에서 하나님과의 회복된 관계를 누리는 종들이다. 우리는 자유로운 종, 정죄함과 죄의 권세로부터 자유케 된 종들이다. 새로운 마음을 품고 세상을 사랑으로 섬길 준비가 되었다."(오대원, David Ross)

"기록된 바 의인은 없나니 하나도 없으며 깨닫는 자도 없고 하나님을 찾는 자도 없고 다 치우쳐 함께 무익하게 되고 선을 행하는 자는 없나니 하나도 없도다"(롬 3:10~12)

"그가 찔림은 우리의 허물 때문이요 그가 상함은 우리의 죄악 때문이라 그가 징계를 받으므로 우리는 평화를 누리고 그가 채찍에 맞으므로 우리는 나음을 받았도다"(사 53:5)

"그가 자기 영혼의 수고한 것을 보고 만족하게 여길 것이라 나의 의로운 종이 자기 지식으로 많은 사람을 의롭게 하며 또 그들의 죄악을 친히 담당하리로다"(사 53:11)

"땅 끝에서부터 노래하는 소리가 우리에게 들리기를 의로우신 이에게 영광을 돌리세 하도다 그러나 나는 이르기를 나는 쇠잔하였고 나는 쇠잔하였으니 내게 화가 있도다 배신자들은 배신하고 배신자들이 크게 배신하였도다"(사 24:16)

"이 일 후에 내가 보니 각 나라와 족속과 백성과 방언에서 아무도 능히 셀 수 없는 큰 무리가 나와 흰 옷을 입고 손에 종려 가지를 들고 보좌 앞과 어린 양 앞에 서서 큰 소리로 외쳐 이르되 구원하심이 보좌에 앉으신 우리 하나님과 어린 양에게 있도다 하니 모든 천사가 보좌와 장로들과 네 생물의 주위에 서 있다가 보좌 앞에 엎드려 얼굴을 대고 하나님께 경배하여 이르되 아멘 찬송과 영광과 지혜와 감사와 존귀와 권능과 힘이 우리 하나님께 세세토록 있을지어다 아멘 하더라 장로 중 하나가 응답하여 나에게 이르되 이 흰 옷 입은 자들이 누구며 또 어디서 왔느냐 내가 말하기를 내 주여 당신이 아시나이다 하니 그가 나에게 이르되 이는 큰 환난에서 나오는 자들인데 어린 양의 피에 그 옷을 씻어 희게 하였느니라"(계 7:9~14)

하나님의 아들이 종으로 오셨다

그저 단순한 종이 아니라

세상의 모든 슬픔을 몸소 지고

지금까지 살았던 모든 사람의

애통함을 짊어진

위대한 고난받는 종으로 오셨다

The Heart of A Servant

제 3장

고난받는 종은 만유의 주이시다

&

하나님이 그를 지극히 높여 모든 이름 위에 뛰어난 이름을 주사

(빌립보서 2:9)

이 노래는 하나님의 사랑의 위엄 있는 영광을 찬양하는 노래다. 높은 보좌에 앉으셨으나 세상을 너무나 사랑하여 자기 아들을 십자가에 달리게 하신 분, 그로써 우리를 죄와 슬픔과 질병에서 구원하신 우리 주 하나님과 같은 분이 또 어디 있는가? 예수님이 죽은 자 가운데서 다시 사시고 사망의 권세를 가진 마귀의 일을 멸하셨기에 우리는 기쁨으로 노래한다. 고난받는 종은 만유의 주이시다! 이제 그분은 그의 나라의 좋은 소식을 선포하는 그의 사랑의 종이 되라고 우리를 부르신다.

선지자 이사야는 종의 고난의 깊이와 우리 구원의 위대함을 드러냈다. 그리고 이제 사도 바울은 부활하신 주님의 영광을 드러낼

것이다. 바울의 모든 글 중 빌립보서 2장 5~11절만큼 예수 그리스도 안에 있는 하나님의 사랑의 아름다움을 잘 표현한 부분은 없다. 이 부분은 이전에 계신 그리스도로 시작하여 그의 성육신과 십자가에서의 죽음에 대해 말하며, 그다음 부활과 승천으로 이어지고, 모든 피조물 위에 그의 주 되심으로 끝난다. 이것은 그리스도인들이 부르는 노래이며, 다른 어떤 종교도 감히 부르지 못할 노래다. 이분이 바로 우리에게 세상의 종이 되라고 부르는 주이시다.

이 찬송은 두 부분으로 나눠진다. 첫 부분(빌 2:5~8)은 그리스도의 낮아지심을 노래하고, 둘째 부분(빌 2:9~11)은 하나님이 예수님을 만왕의 왕이요 만유의 주로 높이심을 노래한다.

그리스도인의 마음가짐 - 온유와 겸손

우리는 바울이 이 편지를 그의 선교 동역자들이며 그가 가장 사랑했던 교회에 썼다는 사실을 기억해야만 한다. 빌립보 교회에는 분열의 문제가 있었고, 바울은 그들에게 교회의 주이신 예수님의 마음을 품어야 한다고 말함으로써 연합의 열쇠를 건네주었다. 바울은 이야기를 시작하면서 그리스도는 하나님과 동등하지만, 자신을 낮추고 희생시켜 인간이 되셨다고 말한다. 그런데 하나님과 동등한 그리스도는 거기서 더 나아가 죄 많은 인간을 위해 자신을 쏟아부으셔서 자신이 사랑하는 자들을 위해 종이 되셨고 수치스럽게 죽으셨다.

모든 그리스도인은 이런 마음가짐을 가져야만 한다. 우리는 하나님의 형상으로 창조되었으며, 성령님은 우리가 그 형상으로 회복되고 다시 빚어져 그리스도의 성품을 닮아가도록 각 사람 안에 일하신다. 하나님의 형상으로 지어졌다는 의미는 바로 그리스도와 같은 마음을 품는 것이다. 예수님은 자신에게로 와서 쉬라는 큰 초청을 하실 때에 자신의 성품에 대해 직접 이렇게 말씀하셨다. "나는 마음이 온유하고 겸손하니 나의 멍에를 메고 내게 배우라 그리하면 너희 마음이 쉼을 얻으리니"(마 11:29). 온유와 겸손은 모든 하나님의 종들이 가진 두 가지 주요 특징이다. 온유란 기쁨으로 하나님께 전적으로 순종하여 내어드리며, 하나님의 뜻 외에 다른 뜻은 갖지 않는다는 의미를 담고 있다. 겸손이란 우리가 하나님 없이는 아무것도 아니기에 자신을 낮추고 비워서 그가 그의 충만함으로 우리를 채우시게 한다는 뜻의 단어다. 하나님이 세상을 사랑하신 것처럼 우리도 세상을 사랑하고, 우리 자신을 희생해 남들을 위한 종, 혹 노예가 됨으로써 그 사랑을 표현할 수 있게 된다. 바울은 사랑하는 빌립보 그리스도인들에게 그들이 먼저 서로를 사랑하고 그다음 세상을 사랑함으로 종이나 노예가 된다면 교회에 불화가 없을 것이라고 말하고 있었다.

예수님만이 하나님을 '설명하실' 수 있었다.[1] 예수님은 하나님이

---

1 John 1:18 - exegesato: 설명하다, 알게 하다

사랑이시며, 사랑이란 다른 사람들을 위한 자신의 희생을 뜻한다는 진리를 드러내셨다. 예수님은 이 진리에 대해 가르칠 뿐 아니라 실제 자신이 희생제물이 됨으로써 그 진리를 보여주셨다. 그는 세례 요한이 "보라 세상 죄를 지고 가는 하나님의 어린 양이로다"(요 1:29)라고 소개했던 바로 그분이다.

고든 피(Gordon D. Fee)는 바울이 빌립보 성도들에게 쓴 편지에 대한 그의 탁월한 주석에서 빌립보의 그 누구도, 또한 초대교회의 다른 어느 곳에서도 그들 신앙의 상징으로 십자가를 사용하지 않았음을 짚어준다. 그들은 교회 건물의 뾰족한 탑 꼭대기에 십자가를 달지도 않았으며, 십자가 펜던트나 목걸이를 걸지도 않았다. 십자가는 가장 큰 수치였고, 세상의 인간적인 지혜와 힘에 모순되는 것이었다. 주 예수님은 범죄자로 십자가에 달리신 것이다. 오래 기다려온 메시아, 그리스도는 십자가에서 죽으셨다! 초대교회의 상징은 물고기였다. 물고기를 뜻하던 가장 통상적인 헬라 단어 익투스(Ichthus)는 '예수 그리스도, 하나님의 아들, 구세주'라는 말들의 첫 글자들을 담고 있다. 박해의 시기에 그리스도인은 모래 위에 물고기의 형상을 그림으로써 다른 그리스도인에게 자신의 정체를 밝히곤 했다.

하나님은 오늘 우리에게 세상을 변화시킬 그의 종이 되라는 부르심을 주신다. 그는 우리에게 처음에는 선물처럼 보이지 않을지 모르지만, 우리가 세상을 바꿀 수 있게끔 해 줄 '선물'을 주신다.

"그리스도를 위하여 너희에게 은혜를 주신 것은 다만 그를 믿을 뿐 아니라 또한 그를 위하여 고난도 받게 하려 하심이라"(빌 1:29). 우리는 세상을 위한 그리스도의 고난에 동참하게 된다.

모든 이름 위에 뛰어난 이름

하나님은 그의 고난 당한 종을 만유의 주로 인정하신다! 하나님은 "그를 지극히 높여 모든 이름 위에 뛰어난 이름을 주셨다"(빌 2:9~11). 그의 이름은 무엇인가? 주(LORD)이시다! 하나님은 수백 년 전에 그의 종 이사야를 통해 이렇게 말씀하셨다. "나 외에 다른 신이 없나니 나는 … 하나님이라 나 외에 다른 이가 없느니라 … 내게 모든 무릎이 꿇겠고 모든 혀가 맹세하리라 하였노라 내게 대한 어떤 자의 말에 공의와 힘은 여호와께만 있나니"(사 45:21~24).

그의 이름이 무엇인가? 히브리어로 야훼(Yahweh:YHWH)이며 헬라어로 번역하면 '주(LORD)'이다. 하나님은 자신의 이름이 '스스로 있는 자(I AM)'라고 모세에게 알려주셨다. 그 어떤 존재도 이 이름으로 불릴 수는 없다. 하나님은 예수님이 당하신 고난과 죽음 때문에 단지 예수님께 상을 주신 것이 아니다. 그는 예수님이 주라고, '주(LORD)'라는 이름이 언제나 그의 아들에게 속한 이름이었다고 인정하고 계시다! '스스로 있는 자(I AM)'는 예수님의 이름이다. 하나님, 곧 성부, 성자, 성령은 스스로 있는 자(I AM)이시다.

예수님이 십자가에 못 박히셨을 당시, 많은 '주들(lords)'이 있었다. 물론 로마 황제(Caesar)도 만유의 주로 여겨졌다. 바울은 이 말씀을 기록할 때 황제의 죄수였고, 빌립보 성도들은 이 인간 '주' 때문에 고통을 당하고 있었다. 그러나 하나님은 바울을 이끌어 참된 주는 한 분만 계시며 "하늘에 있는 자들과 땅에 있는 자들과 땅 아래에 있는 자들로 모든 무릎을 예수의 이름에 꿇게 하시고 모든 입으로 예수 그리스도를 주라 시인하여 하나님 아버지께 영광을 돌리게 하셨느니라"(빌 2:10~11)라고 세상에 선포하게 하셨다.

이사야는 하나님만이 만유의 주시라고 선언했다. 바울은 이제 이사야서를 인용하며 '예수'라는 이름을 주라고 부른다! 역사의 끝에 모든 사람은 역사의 '주'이신 예수 그리스도 앞에 무릎을 꿇을 것이다. 모두가 구원을 받으리라는 뜻이 아니다. 온 세상이 다 예수 그리스도가 주임을 인정하리라는 뜻이다. 위 성경 말씀의 하늘에 있는 자들은 하나님의 천사들과 사탄의 마귀들 둘 다를 말하는 하늘의 존재들이다. 땅에 있는 자들은 예수님이 다시 오실 때 살아있는 모든 인간이다. 땅 아래 있는 자들은 아마도, 이미 죽었지만 가장 먼저 살아나서 주님이 다시 오실 때 그를 맞이하게 될 사람들을 지칭하는 말일 것이다. 베드로는 오순절 날 그의 첫 설교에서 이렇게 말했다. "그런즉 이스라엘 온 집은 확실히 알지니 너희가 십자가에 못 박은 이 예수를 하나님이 주와 그리스도가 되게 하셨느니라"(행 2:36)!

나의 아들아, 나의 딸아, 너희 마음을 내게 주어라!

예수 그리스도의 모든 종이 마음에 담고 있는 노래는 십자가에서 고난 당하고 죽으셨지만 만유의 주로 다시 사신 예수 그리스도를 향한 사랑이다. 우리는 그 무엇보다 마음을 지켜야 한다. 데이빗 홀더웨이(David Holdaway)는 개인 및 국가의 부흥에 대해 가르친 교사이다. 그는 남 웨일즈에 거주하면서 이 주제에 관한 수많은 책을 저술했다. 내가 가장 좋아하는 책 중 하나인 「The Captured Heart(사로잡힌 마음)」[2]에서 그는 우리의 마음을 사로잡는 것이 우리 삶을 지배하고 우리의 운명을 결정할 것이라고 강조한다. 그는 하나님이 누군가를 일으켜 그의 종으로 사용하고자 찾으실 때, 그들의 사회적 지위나 학력을 보지 않고 그들의 마음을 보신다는 점을 상기시켜 준다. 내 아들아, 너의 마음을 내게 주어라! 내 딸아, 네 눈으로 나의 길을 즐거워하라!

우리는 얼마나 자주 "나는 정말 하나님을 사랑하고 그분만 섬기기를 원해요."라고 말하고 난 후, 남김없이 그를 섬길 힘이 없어 중단하고 포기해 버리는가. 하나님은 우리가 잘못된 것에 초점을 두고 있음을 이해하신다. 그는 우리에게 "내 아들을 희생시켜 너에게 준, 너를 향한 나의 사랑이 네 삶의 모든 영역에서 너를 소유하게 하라. 내가 주는 자유의 선물을 받아라. 나의 영이 너를 내 아들의

---

2 www.lifepublications.org.uk

형상으로 다시 빚어가게 하라"라고 말씀하신다.

우리가 그 선물을 온전히 받아들일 때, 우리는 더는 우리 자신의 힘으로 하나님이나 사람을 섬기려 하지 않아도 된다. 다른 사람을 사랑하라고 스스로 강요할 필요가 없어진다. 그 대신 우리는 하나님의 사랑에 사로잡혀 사랑하는 사람으로, 그리고 주님의 종으로 변화되어 간다. 하나님은 단지 사랑을 하시는 분이 아니다. 그는 사랑이시다. 마찬가지로 사랑은 단지 우리가 행하는 무언가가 아니다. 사랑은 우리가 누구인지, 그 존재가 되어가는 것이다.

우리는 먼저 하나님께 마음을 드리고 예수님과 같이 되고 싶다는 갈망을 고백함으로써 이 여정을 시작한다. 그렇게 할 때, 부활하신 우리 주님은 우리를 그의 종으로 변화시키고 그의 뜻을 행하도록 준비시켜 줄 선물을 우리에게 주실 것이다. 이 선물은 그가 우리에게 보내실 '아버지의 약속'이다. 그러면 우리는 '위로부터 능력으로 입혀질' 것이다(눅 24:49).

묵상과 예배를 위한 찬송
Jesus is LORD! 예수는 주이시라!

모든 이름 위에 뛰어난 이름이 있네
모든 사람에게 비치는 빛이 있네
일찍 솟아오르는 별이 있고
결코 지지 않는 아들(Son)이 있네
우리가 그 위에 세워야 할 반석이 있네
우리의 영혼을 위한 닻이 있네
우리를 온전케 하러 생명을 내어주신
잃은 양들의 목자가 있네

후렴 :
그는 사람이라, 당신의 감정을 아는
그는 왕자라, 그 평안을 내려주는
그는 왕이라, 이 세상에 종으로 오신
그는 생명이요, 멈출 수 없는 사랑이라
한 이름이 있네,
예수는 주이시라!

그는 말씀이라, 육신이 되신
그는 떡이라, 우리에게 생명을 주는
그는 아들이라, 우리에게 아버지를 보여주는
우리 눈을 뜨게 하시는 한 분
예수는 우리가 알아야 할 모든 것
예수는 말로 표현할 수 없는
예수는 끝없는 찬양 받기 합당한
영원히 유일한 분

후렴 :
그는 **사람**이라, 당신의 감정을 아는
그는 **왕자**라, 그 평안을 내려주는
그는 **왕**이라, 이 세상에 종으로 오신
그는 **생명**이요, 멈출 수 없는 사랑이라
한 이름이 있네,
예수는 주이시라!

다음 성경 구절들을 참조하라.

빌 2:10~11; 행 4:12; 요삼 1; 계 2:3+ 요 1:4~5; 벧후 1:19; 계 22:16; 요 1:15~18; 행 4:10~12; 엡 2:20~22; 벧전 2:4~8; 히 6:18~19; 요 10:1~18; 롬 1:17; 고전 1:30; 고후 5:14~21; 마 8:20; 9:6; 17:22; 사 53:5; 사 9:6~7; 빌 2:5~11; 요 1:14; 요 6:44~46; 요 6; 8:12~59

제 4장

종의 능력

～

내가 나의 영을 그에게 주었은즉

(이사야 42:1)

첫째 '고난받는 종의 노래' (사 42:1~4)

"내가 나의 영을 그에게 주었은즉" 이것은 하나님이 그의 종에게 주신 첫 번째 약속이었다(사 42:1). "주의 성령이 내게 임하셨으니" 이 말은 예수님이 종의 사역을 시작하시며 가장 먼저 하신 말씀이었다(사 61:1, 눅 4:18). 예수님은 하나님의 고난받는 종으로 세상에 오셨을 때 혼자 오시지 않았다. 그의 아버지가 항상 그와 함께 계셨다. 그의 영(성령은 아버지의 영이자 예수님의 영이다)은 그의 곁을 절대로 떠나지 않으셨다. 우리가 잘 알듯이 예수님의 어머니는 성령의 능력으로 예수님을 잉태하고 낳았으니, 성령은 예수님이 잉태된 순간부터 그 안에 거하셨다. 성령은 예수님의 어린 시절과 청소년기에 거쳐 그에게 하나님의 길을 가르치셨다. 그런 후 예수님이 30세쯤 되어 요단강에서 요한에게 세례를 받으실 때, 예수님 안에 사셨던 성령은 비둘기 같은 형체로 그의 위에 임하셔서 그가 일을 감당할 능력을 주셨다. 그의 아버지는 하늘로부터 "너는 내 사랑하는 아들이라 내가 너를 기뻐하노라"(눅 3:21~22)라고 그에게 말씀하셨다. 누가복음을 쓴 누가는 다른 복음서 저자들보다 성령의 일을 더 강조했다. 그는 나중에 "예수께서 성령의 충만함을 입어 … 성령에게 이끌리시며" 광야로 나가 마귀의 시험을 받으셨고, 그래서 고통당하고 시험받는 사람들과 또한 아버지와 동일시하는 대제사장이 되실 수 있었으며, 이로써 자신을 통해 아버지께 나아가는 모든 사람의 중보자가 되셨다고 말했다. 그다음에 예수님은 성령의 능력 가운데 갈릴리로 돌아와 사역을 시작하셨다(눅 4:1, 14). 진실로 하나님은 예수님 위에 그의 성령을 주셨다.

이사야는 그의 첫째 '고난받는 종의 노래'에서 성령이라는 이 선물에 대해 예언했다. "내가 붙드는 나의 종, 내 마음에 기뻐하는 자 곧 내가 택한 사람을 보라 내가 나의 영을 그에게 주었은즉 그가 이방에 정의를 베풀리라"(사 42:1). 예수님을 따르는 우리는 아버지 하나님이 그의 아들을 기뻐함을 표현하면서 선지자 이사야를 통해 말씀하고 계셨음을 안다.

또한 하나님은 예수님 뿐 아니라 그의 백성 전체에 관해 말씀하신다. 하나님은 이스라엘 백성 전부가 그가 아브라함에게 하신 약속을 성취하는 그의 종이 되어서 이 땅의 모든 족속이 아브라함을 통해 복을 받게 되도록 이스라엘 전체를 부르고 계셨기 때문이다 (창 12:1~3). 하지만 이스라엘은 세상의 종이 되기를 거부했다. 그래서 하나님 자신이 종으로 오셨다. 하나님은 그를 따르는 모든 자를 그의 종이 되라고 여전히 부르시며, 예수님과 동역자가 되어 세상에 그의 복을 흘려보내기를 원하신다. 성령은 우리 안에 그리스도의 형상을 계속하여 빚으시며, 우리가 그의 종이 되어 하나님의 종 예수님이 하셨던 것과 동일한 일을 하길 원하신다. 종이란 우리가 하나님의 뜻을 행하기 위해 세상에 왔다고 예수님처럼 고백하는 자들이다.

하나님이 그의 종들에게 주시는 첫 번째 선물

그렇다면 하나님이 그의 종들에게 주신 첫 번째 선물이 성령임은 합당하다. 우리는 오직 성령으로만 하나님의 일을 할 수 있기 때문이다(사 42:1). 예수님이 사역에서 세움 받도록 하나님이 성령을 통해서 하신 네 가지 일은 정확히 그가 오늘날 그의 종들을 위해 행하시는 네 가지 일이다. 첫째, 성령은 예수님이 인간으로 태어날 수 있게 하셨다. 그는 또한 우리도 다시 태어나 하나님 나라에 들어갈 수 있게 하신다(요 3:5). 둘째, 성령은 예수님이 그의 사명을 감당하도록 그를 능력으로 채우셨다. 우리 또한 앞에 놓인 임무를 위해 성령으로 충만해져야 한다. 셋째, 성령은 예수님이 마귀의 시험을 이길 수 있도록 하나님의 말씀을 통해 그를 강하게 하셨다. 또한 이 성령은 우리가 마귀의 시험을 이길 수 있도록 우리를 강하게 하시되, 특히 하나님의 말씀을 통해 그렇게 하신다. 넷째, 성령은 예수님이 날마다 아버지가 그에게 하라고 주신 일을 수행하도록 계속 그를 인도하고 능력을 주셨다. 하나님의 종인 우리가 하나님께서 우리에게 맡기신 일을 완수하기 위해서는 성령이 우리를 이끌고 힘을 주시도록 허용해야만 한다. 오순절 날, 예수님의 제자들이 하나님의 종이 될 수 있는 준비가 갖춰진 것처럼 우리 또한 그의 능력을 받아야만 한다. 오순절은 결코 반복해 일어날 수 없다. 그러나 오순절 경험의 기적은 주님의 종 모두의 삶 안에서 일어나야 한다.

당신은 주님의 종으로서 가끔 자신의 힘으로는 결코 하지 못했을 법한 일을 할 수 있다는 사실에 놀란 적이 있는가? 아니면 어떻게 하나님이 당신을 가장 약한 순간에 더 효과적이고 강력하게 사용하시는지, 어쩌면 인간의 지성만으로는 설명할 수 없는 하나님의 말씀에 대한 깊은 이해를 경험한 때가 있었을 것이다. 놀랄 필요가 없다. 하나님은 그의 종들에게 성령을 약속하시기 때문이다. 그의 약속을 기억하라. "내가 붙드는 나의 종, 내 마음에 기뻐하는 자 곧 내가 택한 사람을 보라 내가 나의 영을 그에게 주었은즉 그가 이방에 정의를 베풀리라"(사 42:1). 그는 우리가 우리 자신의 지혜나 능력으로 종의 삶을 살길 기대하지 않으신다. 그 삶은 '힘으로 되지 아니하며 능력으로 되지 아니하고 오직 나의 영으로 되기' 때문이다(슥 4:6).

성령은 모든 그리스도인에게 세례를 주어 그리스도의 몸 안에 들어가게 하신다

제일 처음부터 시작해 보자. 성령은 어떻게 우리 삶에서 일하시는가? 그는 모든 그리스도인 안에 거함으로써 시작하신다. 바울은 로마서 8장 9절에서 그 사실을 분명히 표현한다. "누구든지 그리스도의 영이 없으면 그리스도의 사람이 아니라." 예수님은 부활하신 날 저녁에 그의 제자들에게 나타나 평강으로 그들을 축복하셨다(요 20:19~23). 그런 후에 그의 성령을 그들에게 불어 넣으셨으며, 에스겔의 예언은 마침내 성취되었다!

그리스도가 인간으로 세상에 오시기 수백 년 전, 하나님은 에스겔에게 생기, 곧 성령에게 대언하여 마른 뼈에 불어서 살아나게 하라고 말씀하셨다. 그 즉시 생기가 그들에게 들어가매 그들이 곧 살아나서 일어났다(겔 37:9~10)! 하나님은 에스겔에게 이 마른 뼈들은 이스라엘 온 족속이라고 말씀하셨다. 그들은 자신들에 대해 '우리의 뼈들이 말랐고 우리의 소망이 없어졌다고'(겔 37:11) 말하기까지 했다. 하나님은 그가 그들을 소생시키고 포로 상태에서 해방시켜 새 생명을 주며 고국으로 돌아오게 하시겠다고 약속하고 계셨다. 그런데 성령이 실제로 이스라엘 백성 안에 들어가지는 않으셨음을 우리는 안다. 예수님이 죽은 자 가운데서 살아나실 때까지는 성령이 주어지지 않았기 때문이다. 에스겔은 마른 뼈에 대한 이 상징적인 이야기를 통해 그때 하나님의 백성 안에 들어갈 생기에 대해, 그러나 또한 훨씬 나중에 그들에게 들어갈 풍성한 생명에 대해 예언했다.

에스겔의 예언은 예수님이 세상에 옴으로써 하나님 나라가 임했을 때 성취되었다. 예수님이 부활하신 날 저녁, 그의 제자들에게 주신 첫 선물은 그분 안에 거하셨던 동일한 성령이었다(요 20:19-23). 부활하신 주님의 영이 제자들 안에 들어가 그들의 삶에 예수님의 구원이 임하게 하셨다. 제자들이 그랬던 것처럼 우리도 마찬가지다. 우리가 예수 그리스도를 우리의 구원자이자 주로 받아들이는 순간, 성령이 우리 안에 들어오신다. 그가 가장 먼저 하시는 일은 우리에게 세례를 주어 우리를 그리스도의 몸 안으로 들어가게 하시는 일이다(고전 12:13). 우리가 우리 자신의 힘으로는 그리스도인의 삶을 살 수 없음을 그가 아시기 때문이다. 성령은 친족 관계가 아닌 사람들을 하나님의 새로운 초자연적인 가족으로 변화시키신다. 성령은 하나님의 새로운 가족을 창조하시며 그 가족원들은 때로 실제 혈연 관계의 친족보다 서로 더 가까운 관계가 된다.

우리 안에 거하시는 성령

우리 안에 거하시는 이 성령은 누구이신가? 이사야는 거하시는 성령에 대해, 그리고 그가 어떻게 우리 안에서 일하셔서 종의 사역을 위해 우리를 준비시키는지에 대해 일곱 가지를 말해준다(사 11:1~2).

1. 성령은 여호와의 영이며, 아버지와 예수님의 영이다. 성령이 주시는 가장 큰 선물은 예수님과 그리고 아버지와의 친밀함이다.
2. 성령은 지혜의 영이다. 그는 우리에게 어떻게 지식을 사용하는지 가르쳐 주신다. 우리는 날마다 새로운 정보와 지식에 압도된다. 그런데 그 지식을 어떻게 사용해야 하나님께 영광을 돌릴지 알고 있는가? 우리에게는 우리의 삶이 하나님께 영광을 돌리게끔 도와줄 지혜를 우리에게 채워 주시는 교사가 있다.
3. 성령은 이해와 통찰력, 그리고 분별의 영이다.
4. 성령은 모략의 영이다. 그는 우리에게 조언하시며 우리를 인도하신다.
5. 성령은 힘의 영이다. 그는 종에게 필요한 영적 자질로 우리 속사람을 강건케 하시고 우리에게 악을 이길 능력을 덧입히신다.
6. 성령은 지식, 특별히 하나님을 아는 지식과 그의 말씀을 아는 지식의 영이다. 그는 하나님의 말씀을 하나님의 종들에게 가르치셔서 우리가 하나님을 아는 지식으로 온 세상을 채울 수 있게 하신다.
7. 성령은 여호와를 경외하는 영이다. 그는 우리에게 죄와 악에서 돌이켜 전심으로 하나님 및 그의 뜻에 헌신할 힘을 주신다.

바울은 로마서 5장 5절에서 "우리에게 주신 성령으로 말미암아 하나님의 사랑이 우리 마음에 부은 바 됨이니"라고 덧붙인다. 여기서 사랑이라는 단어의 헬라어는 아가페(agape)로 하나님의 초자연적, 무조건적, 무제한적이며 변화를 가져오는 사랑을 뜻한다. 우리가 어떻게 세상에서 예수님의 종, 또는 제자들로 알려질 수 있는지에 대한 답이 여기 있다. 그가 우리를 사랑하신 것 같이 서로 사랑하라는 예수님의 계명에 순종하는 것이다(요 13:34)! 우리는 어떻게 이 불가능해 보이는 계명에 순종할 수 있는가? 우리 안에 거하시는 성령이 그가 이미 우리 마음 안에 부으신 초자연적 아가페(agape) 사랑이 활성화되도록 허용함으로써 가능하다. 예수 그리스도를 죽은 자 가운데서 살리신 그 성령이 이제 당신 안에 거하신다!

예수 그리스도는 그의 종들에게 성령으로 세례를 주신다

이번 장에서 '세례를 받는다'는 말을 두 번 사용했음은 실수가 아니다. 성령도 우리에게 세례를 주시고, 예수님도 우리에게 성령으로 세례를 주신다. 모든 종은 이 두 세례를 다 받아야 한다. 바울이 고린도전서 12장 13절에서 말하는 성령 세례는 성령 자신이 주시는 것이며, 우리를 그리스도의 몸 안에 두기 위함이다. 누가가 사도행전 1장에서 말하는 성령 세례는 예수님이 주시는 세례다. 첫 번째 세례는 지위 또는 소속에 관련되어 하나님의 교회의 구성원이 되게 하는 세례이고, 두 번째 세례는 능력의 세례로서 하나님 나라의 복음을 세상에 선포하도록 준비시키는 세례다. 어느 쪽을 택하겠는가? 답은 선택할 필요가 없다는 것이다! 당신이 그리스도인이라면 성령은 이미 당신에게 세례를 주셨으며, 당신은 그 세례를 인식하고 그의 초자연적 공동체 안에서 성령이 주는 생명의 선물을 기뻐해야 한다. 그리고 이제는 예수님이 성령의 초자연적 능력으로 세례를 주시게 허용하여 세상에게 그분을 증언하는 자가 되어야 한다.

사복음서 모두 예수님이 자신을 따르는 자들에게 성령으로 세례를 주실 것이라고 예언한다. 예수님 자신도 제자들에게 예루살렘을 떠나지 말고 위로부터 권능으로 입혀질 때까지 기다리라고 명하셨다(눅 24:49). 그 후 그는 사도행전 1장 4~5절과 1장 8절에서 이렇게 약속하셨다. "너희는 몇 날이 못 되어 성령으로 세례를 받으리라 하셨느니라 … 오직 성령이 너희에게 임하시면 너희가 권능(dunamis)을 받고 예루살렘과 온 유대와 사마리아와 땅 끝까지 이르러 내 증인이 되리라 하시니라"

하지만 두 세례 중 어느 하나를 부정하는 마음으로 가르치는 사람들이나 그 주제를 완전히 회피하는 교사들에 의해 잘못 인도를 받기가 얼마나 쉬운가. 내 가족의 경우가 그랬다. 우리는 새로운 땅에서 하나님의 증인이 되겠다는 설렘과 기대, 헌신으로 가득 찬 젊은 부부로 고국을 떠나 우리가 새로 입양한 나라 한국으로 향했다. 우리는 성령에 대한 지적인 지식은 있었지만, 체험적인 지식은 부족했다.

몇 년 후, 우리는 우리 교단의 초청으로 서울대학교 공과대학 캠퍼스 사역을 시작하게 되었고, 김덕영 권사님과 함께 사역하라고 배치를 받았다. 권사님은 젊은 시절 러시아 선교사로 사역했지만 60세가 지나서야 시작한 그의 마지막 사역은 대학생들을 섬기는 일이었다. 이 위대한 하나님의 여인은 혼자서 서울의 여섯 개 주요 대학에 기독학생회(Christian Student Fellowship)를 설립했다. 우리는 권사님의 서울대 캠퍼스 마지막 사역에서 함께 섬기는 특권을 누리게 되었고, 나중이 되어서야 왜 하나님이 우리를 한국 교회의 소중한 보물인 이 놀라운 주님의 종 아래 두셨는지 알게 되었다. 우리는 권사님의 기도 생활과 하나님께 영감을 받아 학생들에게 사역하는 모습을 지켜보았고, 어떻게 이분은 이처럼 효과적으로 사역할 수 있을까 궁금했다. 우리에게는 분명히 없었던 '기름부으심'이 이분에게는 있었다. 어느 날 권사님은 내가 기억했으면 좋겠는 단 한 가지가 있다고 내게 털어놓으셨다. "나의 사역은 엘리야처럼 이 훌륭한 캠퍼스에 있는 마귀의 견고한 진을 파하는 것이었죠. 이제 나는 이 사역을 완성시킬 엘리사를 기다리고 있어요."

엘리야는 자신의 사역을 완수하고 회오리바람 가운데 하늘로 올려질 준비가 되었을 때 자기가 젊은 엘리사에게 무엇을 해 주기 원하는지 구하라고 했다. 엘리사는 자기 스승의 권능 넘치는 사역의 비밀을 알았기에 이렇게 대답했다. "당신의 성령이 하시는 역사가 갑절이나 내게 있게 하소서"(왕하 2:1~14).

그래서 우리는 성령의 능력을 찾기 시작했다. 이제 나는 왜 하나님이 그 탐구의 여정을 한국의 주요 대학에서 시작하게 하셨는지 이해한다. 하나님은 이 훌륭한 대학교에 하나님의 영의 인도함을 받는 종들을 심어 두셨으며, 그들 중에는 김덕영 권사님 뿐 아니라 학생들에게 생명을 불어넣으셨던 탁월한 학자 황희융 교수님 및 다른 많은 분도 있었다. 나는 이 학문적 공동체 안에서 성령이 권능으로 운행하심을 보았으며, 한편 하나님이 그의 모든 종들에게 무엇을 약속하셨는지 알아보기 위해 성경을 찾아보고 싶었다. 나는 창세기에서 시작하여 성경이 성령에 관해 무엇이라 가르치는지 주의 깊게 연구했다. 이사야서까지 읽었을 때, 나는 하나님이 그의 종들에게 그의 영을 선물로 약속하셨음을 발견했다. 이사야는 고난받는 종에 대한 그의 가르침을 성령을 약속하는 노래로 마무리 짓는다. 예수님 자신도 공적인 사역을 시작하실 때 이 노래를 읽으셨다.

> 주 여호와의 영이 내게 내리셨으니
> 이는 여호와께서 내게 기름을 부으사
> 가난한 자에게 아름다운 소식을 전하게 하려 하심이라
> 나를 보내사 마음이 상한 자를 고치며
> 포로된 자에게 자유를,
> 갇힌 자에게 놓임을 선포하며
> 여호와의 은혜의 해와 우리 하나님의 보복의 날을 선포하여

모든 슬픈 자를 위로하되

무릇 시온에서 슬퍼하는 자에게 화관을 주어 그 재를 대신하며

희락의 기름으로 그 슬픔을 대신하며

찬송의 옷으로 그 근심을 대신하시고

그들이 의의 나무 곧 여호와께서 심으신 그 영광을 나타낼 자라

일컬음을 받게 하려 하심이라

그들은 오래 황폐하였던 곳을 다시 쌓을 것이며

옛부터 무너진 곳을 다시 일으킬 것이며

황폐한 성읍 곧 대대로 무너져 있던 것들을 중수할 것이며

사 61:1~4 (참조; 눅 4:16~21)

우리가 선교사로 일하려 했던 그 10년 동안 일어난 일 중 성령의 능력을 부여받는 것 외에 더 중요한 일은 어떤 일도 나는 알지 못한다. 우리는 그 사실을 이 놀라운 선물을 경험한 후에야 발견했다. 예수원을 방문하고 싶은 마음에 우리가 그곳에 가서 대천덕 신부님(Fr. Archer Torrey)께 우리의 체험을 이야기했을 때, 그는 1961년에 우리가 처음 만난 날부터 성령을 체험했던 1972년까지 하루도 빠짐없이 우리가 성령으로 세례를 받고 충만하게 되기를 기도하셨다고 했다. 그는 "7년이 지났을 때는 거의 포기할 뻔했습니다" "하지만 하나님은 그 일이 일어날 때까지 기도하라고 하셨죠"라고 말씀하셨다. 하나님이 당신을 위해 기도할 사람들, 심지어 당신이 모

르는 사람들까지도 부르셨다는 사실을 당신은 알고 있는가?

당신은 주님이 직접 부르시고 능력을 주셔서 하나님의 영이 부요케 하시고 통제하시는 삶을 통해, 또한 하나님의 영이 당신에게 주시는 다이너마이트 같은 능력(dunamis)으로 하나님 나라의 복음을 세상에 전할 주님의 종이다. 세상은 사랑으로 살아가는 당신의 삶을 보고 당신이 예수의 제자임을 알 것이다. 그리고 세상은 당신의 힘이 아니라 당신에게 임하신 성령의 능력으로 변화될 것이다.

하나님의 영으로 인도함 받는 주님의 종이 되라

당신은 거룩한 삶을 통해, 또한 성령의 인도를 따르는 순종을 통해 하나님께 영광을 돌리고 싶은 갈망이 점점 커질 것이다. 그리고 새로운 기쁨으로 충만해질 것이다. 하나님의 말씀이 당신의 삶에 '살아 역사함'으로 당신을 모든 진리 가운데로 인도할 것이며, 엠마오로 가는 길에 부활하신 주님을 만났던 두 제자가 하던 그 말을 서로 나누게 될 것이다. "우리에게 말씀하시고 우리에게 성경을 풀어 주실 때에 우리 속에서 마음이 뜨겁지 아니하더냐"(눅 24:32). 당신의 외로움은 하나님의 임재를 즐기는, 주님과 독대하는 시간으로 바뀔 것이다. 당신 주위의 사람들은 주님의 종 된 당신이 그를 점점 더 닮아가고 있음을 알아볼 것이다. 당신은 죄를 이기고 속박에서 자유롭게 될 새로운 권능을 발견할 것이다. 당신은 주님을 위해 더욱 담대해질 것이며, 그 담대함은 '겸손한 담대함'이 될 것이다. 당신은 그리스도를 위해 자신을 넘어 세상에 자신을 내어주려는 소원이 생기는 것에 스스로 놀라기 시작할 것이다. 그리고 성령이 당신 마음의 경계를 넓혀가심에 따라 '편안한 구역'에 안주함이 점점 더 불만족스러워지고, 성령의 코이노니아(koinonia) 교제 안에서 형제자매들을 향한 새로운 사랑이 생김을 발견할 것이다. 무엇보다 당신은 하나님이 당신을 위해 예비하신 사명을 완수하고 싶어지게 만드는, 주님을 향한 불타는 마음을 가지게 될 것이다.

묵상과 예배를 위한 찬송

The Spirit of the Lord 주님의 영

주의 영이 내게 임하사, 내게 임하사
가난한 자에게 아름다운 소식을 전하고
포로된 자에게 자유를 주며
눈 먼 자의 눈을 뜨게 하고
여호와의 은혜의 해를,
여호와의 은혜의 해를 선포하러 왔노라
(사 61:1~2; 눅 4:18~19)

아버지가 나를 보내셨으니
내가 너희를 보내노라, 내가 너희를 보내노라
내가 한 일을 너희도 하리라
내가 불어 넣는 성령을 너희 삶에 받으라
나가서 많은 열매를 맺으라. 내가 너희를 보내노라, 내가 너희를 보내노라
아버지가 나를 보내셨으니, 내가 너희를 보내노라
(요 20:21~22; 14:12; 15:1~17)

마지막 날에, 주께서 말씀하시니
주께서 말씀하시니
내가 내 영을 만민에게 부어주리라
아들과 딸들에게,
늙은이와 젊은이들에게,
남종과 여종에게, 부어주리라, 부어주리라
내가 내 영을 만민에게 부어주리라
(욜 2:28~29; 행 2:17~18)

성령으로 충만한
우리는 하나, 우리는 하나
한 몸으로 부름 받아 일하고 기도하리
주 안에서 수고하는 자
큰 보상 받으리
그 날에, 그 날에, 온전한 기쁨으로 들어가겠네
그 날에 온전한 기쁨으로 들어가겠네
(요 16:12~15; 고전 12:13; 갈 3:26~28; 엡 4:1~16; 마 25:21; 딤후 4:7~8)

이 노래는 2005년 고든 콘웰 신학대학원 교수직에서 은퇴한 앨리스 매튜스 박사(Dr. Alice Matthews)를 기리기 위해 작사·작곡했다. 앨리스는 교회 안에서 여성들 안에 그리고 여성들에 의해 행해지는 효과적인 사역에 특별한 열정이 있었으며, 나는 이 찬송의 특히 3절에서 그녀의 심장박동을 담아 보고자 했다. 남녀를 막론하고 모든 육체에 성령을 부어주시겠다는 오순절 성령의 약속은 성령 사역을 둘러싼 모든 약속을 내게 상기시켜 주었으며, 나는 이 노래의 네 절의 전개를 통해 이 곡을 쓸 때 묵상하던 성경 구절들을 보여주고자 했다.

사도행전 1장 4~5절에서 예수님은 아버지께로 올라가시기 전, 이렇게 말씀하신다. "예루살렘을 떠나지 말고 내게서 들은 바 아버지께서 약속하신 것을 기다리라 요한은 물로 세례를 베풀었으나 너희는 몇 날이 못되어 성령으로 세례를 받으리라 하셨느니라" 이어서 예수님은 사도행전 1장 8절에 이렇게 약속하신다. "오직 성령이 너희에게 임하시면 너희가 권능(dunamis)을 받고 예루살렘과 온 유대와 사마리아와 땅 끝까지 이르러 내 증인이 되리라 하시니라" 그러므로 우리는 성령의 능력을 기다리지 않고는 감히 주님의 종이 될 수 없다.

오대원 목사님의 말씀처럼 "당신은 주님이 직접 부르시고 능력을 주셔서 하나님의 영이 부요케 하시고 통제하시는 삶을 통해, 또한 하나님의 영이 당신에게 주시는 다이너마이트 같은 능력(dunamis)으로 하나님 나라의 복음을 세상에 전할 주님의 종이다. 세상은 사랑으로 살아가는 당신의 삶을 보고 당신이 예수의 제자임을 알 것이다. 그리고 세상은 당신의 힘이 아니라 당신에게 임하신 성령의 능력으로 변화될 것이다." 아멘!

나는 이 찬송이 오순절 절기에 부르기에 적합하다고 생각한다. 이 찬송은 성령의 부어주심과 교회의 탄생 모두를 경축한다. 성령은 그리스도의 몸인 우리가 하나님이 우리를 위해 예비해 두신 선한 일을 할 수 있게끔 하신다(엡 2:10). 이 곡조는 몇몇 사람들에게는 찬송가 《What a Wondrous Love is This?(이 얼마나 놀라운 사랑인가?)》에 사용된 곡조로 친숙하게 다가올 것이다.

세상은 사랑으로 살아가는 당신의 삶을 보고

당신이 예수의 제자임을 알 것이다

그리고 세상은 당신의 힘이 아니라

당신에게 임하신 성령의 능력으로 변화될 것이다

The Heart of A Servant

제 5장

정의의 종

나는 노르웨이 전체에 하나님 말씀의 씨앗을 심을 것이다.
- 한스 닐센 하우그(Hans Nielsen Hauge) -

아주 어렸을 때, 주일학교 선생님이 기독교 신앙의 기본 교리에 관한 질문들과 답이 쓰여진 소책자인 교리문답을 의무적으로 공부하게 한 기억이 생생히 난다. 우리는 어린아이들에게 신앙의 내용을 가르치기 위해 만들어진 웨스트민스터 소요리문답의 모든 질문에 대한 답을 암기해야 했다. 그 첫째 질문은 "사람의 제일 되는 목적이 무엇인가?"이며, 그에 대한 답은 "사람의 제일 되는 목적은 하나님을 영화롭게 하고 그를 영원토록 즐거워하는 것이다"이다.

그때는 교리문답의 중요성을 알지 못했지만, 그 간결한 답은 지금까지 내 마음에 남아 성경이 전하는 메시지에 대한 나의 이해에 힘을 실어 주었다. 그리고 그것은 내가 하나님의 종이 되고 내 삶의 최고의 목적을 아는 길에 들어서는 데 지대한 영향을 주었다고 믿는다. 종이신 예수님은 하나님이 맡기신 일을 이룸으로써 아버지를 영화롭게 했고 큰 기쁨으로 그 일을 행하셨다(요 17:4). 나 또한 주님의 종으로서 그가 나에게 하라고 주신 일을 완수함으로써 내 아버지를 영화롭게 하기를 소원한다.

모든 종들의 공통 사명

하나님의 종은 각자가 고유하기 때문에 인생에 고유한 사명을 받는다. 그러나 모든 종에게는 한 가지 공통 목적이 있다. 우리가 예수님이 하신 것과 똑같은 일을 하라는 부르심을 받은 것이다. 고난받으신 사랑의 종 예수 그리스도는 열방 가운데 하나님의 정의를 세우기 위해 세상에 오셨다. 이사야는 그에 관해 이렇게 말한다. "내가 나의 영을 그에게 주었은즉 그가 이방에 정의를 베풀리라 … 그는 쇠하지 아니하며 낙담하지 아니하고 세상에 정의를 세우기에 이르리니"(사 42:1, 4). "오직 만군의 여호와는 정의로우시므로 높임을 받으시며 거룩하신 하나님은 공의로우시므로 거룩하다 일컬음을 받으시리니"(사 5:16).

우리는 세상에 하나님의 정의를 세우는 종으로 부르심을 받았다. 어떤 이들은 이에 동의하지 않고, 사랑이 우리가 세상에서 행할 가장 중요한 일이라고 주장할지 모른다. 그러나 정의는 사랑과 분리되지 않는다. 하나님은 거룩함과 의로움 가운데 그의 사랑을 나타내시며, 따라서 그의 정의는 그의 사랑의 행위다. 자비는 또 어떠한가? 하나님의 정의는 그의 자비로 가득 차 있다. 사도 야고보는 자비, 또는 긍휼이 심판을 이긴다고 상기시켜 준다(약 2:13). 그렇다면 평화는 어떠한가? 평화야말로 세상에서 가장 필요한 것 아닌가? 시편 기자는 "의와 화평이 서로 입맞추었으며"(시 85:10)라고 답한다. 예수님은 많은 사랑의 행위를 하셨고, 죄인들과 소외된 자들에게 긍휼을 베푸셨으며, 평강의 왕으로 오셨고, 제자들에게 남기신 그의 마지막 말씀 중 하나는 "너희에게 평강이 있을지어다"였다. 그러나 그는 이 모든 일을 아버지의 공의와 정의를 드러내기 위해 하셨다.

정의는 어디에서 발견되는가?

그렇지만 이 험난한 세상 어디에서 정의를 찾을 수 있는가? 고통을 겪는 세상은 정의를 달라 부르짖고 있으며, 하나님도 정의를 요구하신다. "오직 정의를 물 같이, 공의를 마르지 않는 강 같이 흐르게 할지어다"(암 5:24). 정의는 예수 그리스도의 십자가와 부활에서 찾을 수 있다. 정의는 갈보리에서 이루어진 그리스도의 구속 사역에서 시작한다. 바울은 우리가 하나님의 은혜라는 선물에 의해 그리스도 예수 안에 있는 속량으로 말미암아 의롭게 되었다고 말한다(롬 3:24). 그런 후 그는 로마서 5장 1절에서 그 진리를 다시 확언한다. "그러므로 우리가 믿음으로 의롭다 하심을 받았으니 우리 주 예수 그리스도로 말미암아 하나님과 화평을 누리자." 그렇지만 정의는 믿음으로 의롭다 하심을 받는 데서 끝나지 않는다. 우리가 구원을 받고 하나님이 우리가 의롭게 되었다고 선언하실 때 우리 마음은 즉시 가난한 사람들과 불의와 학대로 고통받는 자들을 향하게 된다.

팀 켈러(Tim Keller)는 믿음으로 칭의를 얻는 것을 주 관심사로 여기는 사람들은 정의에 관해 말하는 사람들과 같이 있으면 과민한 경향이 있고, 가난하고 궁핍한 사람들을 돌보는 일에만 관심이 있는 사람들은 믿음에 의한 칭의에 대해 말하기를 꺼리는 경향이 있다고 말한 적이 있다. 그러므로 우리를 분열시키고 불신자들이 교회가 무관하다고 경시해 버리게 만드는 요소는 하나님의 정의에 대한 우리의 이해 부족이다. 주님의 종으로서 하나님의 정의를 이해하는 것은 필수적이다. 세상에 정의를 세우는 것이 종의 주된 임무이기 때문이다.

정의의 성경적 의미

• 우리는 믿음으로 의롭다 하심을 받는다

그 시작은 우리를 대신한 하나님의 정의의 행위다. 바울은 로마서 5장 1~2절에서 명확히 표현했다. "그러므로 우리가 믿음으로 의롭다 하심을 받았으니 우리 주 예수 그리스도로 말미암아 하나님과 화평을 누리자 또한 그로 말미암아 우리가 믿음으로 서 있는 이 은혜에 들어감을 얻었으며 하나님의 영광을 바라고 즐거워하느니라"

우리가 구원받았을 때 무슨 일이 일어났는가? 이사야 53장이 그 답을 주고, 사도 바울이 확인을 준다. 죄를 알지도 못하셨던 그리스도가 우리를 대신하여 죄가 되셨고 사탄의 속박에서 우리를 해방하셨다. 더 놀라운 일은 우리가 하나님의 의가 되었다는 사실이다(고후 5:17~21)! 우리는 용서받았을 뿐 아니라 새로운 신분이 되어 세상에서 의와 정의를 실천하는 사람들이 된다. 우리는 사탄의 속박에서 자유롭게 되었다. 새 자유를 가지고 우리는 무엇을 하는가? 바울이 그 답을 준다. "형제들아 너희가 자유를 위하여 부르심을 입었으나 그러나 그 자유로 육체의 기회를 삼지 말고 오직 사랑으로 서로 종 노릇 하라"(갈 5:13).

• **우리는 구원이라는 정의를 선포해야 한다**

하나님은 그의 모든 종에게 온 세상에 하나님 나라의 복음을 선포하라고 부르신다. 마태는 우리에게 "이 천국 복음이 모든 민족에게 증언되기 위하여 온 세상에 전파되리니 그제야 끝이 오리라"(마 24:14)라고 말한다. 예수님은 부활하신 후 제자들에게 나타나셨을 때 그들이 예루살렘과 유대와 사마리아와 땅 끝까지 이르러 그의 증인이 되리라고 말씀하셨다(행 1:8).

• **우리는 세상에서 정의를 실천해야 한다**

하나님의 정의는 세상에 하나님의 구원을 선포하는 것에서 멈추지 않는다. 그는 우리를 자유케 하셔서 세상에서 정의를 위해 일하게 하셨다. 이사야 58장은 금식을 예로 들어, 어떻게 그 일을 시작하는지 보여준다. 그는 하나님이 단지 형식적인 예배 행위로서의 금식을 원하지 않으시며, 그것보다 압제 받는 자들의 멍에를 끊어 주고 매인 자들을 자유케 하는 금식을 원하신다고 말한다. 사도 야고보가 "내 형제들아 만일 사람이 믿음이 있노라 하고 행함이 없으면 무슨 유익이 있으리요 그 믿음이 능히 자기를 구원하겠느냐 … 이와 같이 행함이 없는 믿음은 그 자체가 죽은 것이라 … 나는 행함으로 내 믿음을 네게 보이리라 하리라"(약 2:14, 17~18)라고 말한 것은 하나님의 영이 넣어 주신 말씀이었다.

우리가 거듭났음을 어떻게 알 수 있는가? 예수가 주라고 입술로 고백했고, 하나님이 그를 죽은 자 가운데서 살리셨다고 마음에 믿기 때문에 안다(롬 10:9). 또한 우리가 가난하거나 인종차별을 겪고 있거나 폭력의 피해를 입은 사람들을 볼 때 인간의 억압에서 그들이 해방되기 위한 방법을 찾기 시작하기에 알 수 있기도 하다.

전 세계 자산의 절반 이상이 상위 1%의 사람들에게 속해 있으며, 2천6백만 이상의 난민 중 절반은 18세 이하이다. 유색인종에 대한 편견과 차별이 증가하고 있으며, 수백만의 집 없는 어린이들이 전 세계의 거리를 방황하고 있고, 그들 중 상당수가 성적 학대를 받고 있다. 그리고 21세기에 들어서 기독교인들 및 다른 종교인들에 대한 핍박이 급격하게 증가했으며, 75년 이상 외세에 의해 분단 상태로 있던 코리아처럼 자국 내에서 가족들이 갈라져 살고 있는 이런 세상에서, 하나님은 그의 종들에게 사랑 안에서 일어나 정의의 종들이 되라고 부르고 계신다. 모든 그리스도인은 세상에서 화해와 정의의 사역에 부르심을 받았다.

하나님은 모든 나라에 그의 종들을 심으신다

하나님은 세계 모든 나라에 그의 종들을 심으시지만, 그들 중 한스 닐센 하우그(Hans Nielsen Hauge)만큼 한 나라의 운명을 바꾼 사람은 거의 없다. 그는 그리스도 안에서 얻은 새 생명으로 자신의 조국을 축복한 그리스도인의 본보기이다. 그는 노르웨이가 덴마크의 지배를 받고 그 백성들이 종교 암흑기와 산업 활동의 휴면상태로 고통 당하던 1771년 봄에 태어났으며, 하나님은 그의 백성을 깊은 영적, 경제적 속박의 잠에서 깨우는 데 그를 사용하셨다.

'노르웨이의 사도!' 그는 오늘날 이렇게 기억되고 있다. 그러나 그가 살던 시대의 교회는 그를 그렇게 인정하지 않았다. 그 시대 대부분 목사는 성경 말씀에 무지했고 예수 그리스도의 복음을 설교하지 않았다. 게다가 지방 관리들을 설득하여 어떤 평신도도 복음의 진리를 설교하거나 공적으로 선포할 수 없게 했다. 한스는 독실한 기독교 가정에서 자랐으며 성경을 소중히 여겼다. 어떤 목사들은 그를 격려했지만, 대부분은 그를 비난했다. 그 결과 일반 사회는 하나님의 말씀을 사랑하고 기도하면서 그들의 믿음을 실천하여 살아내던 한스 및 그와 같은 젊은이들을 자신의 머리를 제한해 생각의 균형을 잃어버린 자들이라고 보았다. 그들은 온전히 하나님의 말씀을 읽고 행하는 삶을 살았기 때문이다.

그는 그 시대 기독교인들이 외면했던 질문들도 던졌다. 세상을 향한 우리의 책임의 본질은 무엇인가? 우리가 어떻게 공의와 정의를 실천하면 우리나라와 세계를 변화시킬 수 있을까? 오늘날의 많은 그리스도인도 여전히 청년 한스에 대해 의구심을 가질 것이다. 오늘날의 교회들 역시 대체로 의와 정의에 대한 성경적 가르침에 헌신하지 않기 때문이다. 그리스도인이 믿음으로 말미암는 구원의 좋은 소식을 선포하기만 해야 할지 아니면 세상의 빈곤과 불의를 없애는 일에도 참여해야 할지를 놓고 논쟁을 벌이는 동안, 세상은 계속 불타고 있다. 가난한 나라들은 계속해 부적절한 의료 서비스를 받고 있다. 코로나 백신의 보급을 예로 들어 보면, 수많은 사람이 바이러스로부터 자신들을 보호할 만큼 충분히 일찍 백신을 맞지 못했으며, 그 이유는 부유한 나라들이 이미 대부분 백신을 사 버렸고 제약회사들은 자기의 지적 재산을 가난한 나라들과 공유하지 않으려 했기 때문이다. 가난한 나라들에 많은 양의 백신이 공급되었을 때도 부패한 정부는 종종 무료로 제공되어야 하는 서비스에 비용을 부과하여 가장 가난한 사람들은 전혀 도움을 받지 못했다.

그리고 교회는 침묵했다.

그러나 젊은 한스는 침묵하지 않았다. 그는 그리스도의 복음을 자기 민족에게 전하라는 부르심을 느꼈다. 그런데 목사가 되는 대신 다른 평신도들을 하나님의 뜻대로 살게 설득하는 평신도로서의 부르심을 느꼈다. 그의 삶의 핵심은 마태복음 6장 33절, "너희는 먼저 그의 나라와 그의 의를 구하라 그리하면 이 모든 것을 너희에게 더하시리라"였다.

이것은 그가 하는 모든 일을 불법으로 만들었다. 하나님은 이 청년에게 어떻게 하나님의 말씀이 한 나라를 바꿀 수 있는지에 대한 이해를 주셨다. 그는 이 본문을 다른 어떤 본문보다 더 자주 설교했다. 그는 사람들에게 예수를 믿어 죄에서 구원받고, 그다음에는 말씀대로 행하라고 권면했다. '노동과 기도(Work and Pray)'가 그들을 향한 그의 메시지였다. 그는 우리가 하나님의 말씀이 가르치는 바를 관찰하고 따라 행하면, 하나님이 가정과 사회를 밝게 하시고 그들의 땅을 축복하실 것이라고 주장했다.

한스는 열심히 일하는 사람이었다. 그는 아버지의 농장에서 부지런히 일했고 캐비닛을 만드는 기술도 배웠다. 그러나 그의 주된 관심사는 자기 민족 노르웨이 사람들의 구원이었다. 그는 하나님의 정의가 사탄의 속박에서 해방되어 예수 그리스도 안의 새 생명을 얻음에서 시작한다는 사실을 알았다. 그는 성령의 능력을 경험했고 성령은 그의 눈을 열어 하나님의 말씀 안에서 새 빛을 보게 하셨다.

성경은 한스의 전 생애 및 일의 핵심이었다

하나님의 말씀이 이 젊은이를 정의하였고 그를 통해 그의 조국 노르웨이가 치유되고 능력이 생기도록 일하게 했다. 그는 자신이 주님의 도구가 될 수 있는 모습과 그의 조국이 가진 잠재력에 대한 비전을 품기 시작했다. 그는 "나는 내 몸에 주님이 축복으로 주신 근심을 가지고 있고, 내 영혼에 하나님의 일이 등한시되지 않기를 원하는 염려를 가지고 있다"라고 말한 적도 있다. 또한 매우 인기 있는 성경 교사였던 그는 성경을 영적으로만 해석하지 않고, 하나님 말씀에 기초를 둔 삶을 살아감으로 인해 그 나라가 어떤 방향으로 움직일 수 있을지도 제시했다.

A.M. 아른첸(A. M. Arntzen)이 그에 관해 쓴 훌륭한 전기문에서 이렇게 말했다. "하우그의 특별한 관심사는 단지 그 땅 전체에 하나님의 말씀의 씨앗을 전파하는 것만이 아니라, 노르웨이 전역의 여기저기에 하나님의 충성된 시민들을 심어서 그들이 그리스도인의 삶을 어떻게 살아가고 또한 견고한 그리스도의 공동체를 어떻게 세우는지 본으로 보여주게 하는 것이었다."[1] 한스의 성공 비결은 바

---

[1] A. M. Arntzen, *The Apostle of Norway(노르웨이의 사도)*, Wipf and Stock Publishers, Eugene, Oregon; p. 221

로 이것, 곧 성경이었다! 그는 만일 어떤 한 나라의 헌법이 성경에 기초한다면, 그 나라는 모든 국민의 필요를 공급해 주고 나아가 전 세계를 축복할 정의롭고 의로운 사회를 세울 수 있다고 주장했다. 그는 호세아 선지자를 통해 하나님이 하신 "네가 나로 말미암아 열매를 얻으리라"(호 14:8)라는 말씀을 신뢰함으로 지속해서 열매를 맺었다.

그가 32세가 되었을 때는 이미 수천 명의 남녀 젊은이들이 노르웨이 전역에서 복음을 선포하고 있었다. 그들은 하나님의 말씀에 기초한 공동체를 만들었다. 그들의 슬로건은 "노동과 기도(Work and Pray)"였다. 하나님은 이 청년들에게 말씀이 어떻게 한 나라를 변화시킬지에 대한 이해를 주셨다. 그들은 새로운 산업의 가능성을 찾기 시작했다. 그들은 작은 도시나 마을로 말씀을 전하러 갈 때마다 씨앗을 가져갔다. 농부들은 그 씨를 심어 새로운 농작물을 생산했고, 그들은 공장들을 사서 덴마크나 네덜란드로부터 물건을 수입하지 않고 자체적으로 상품을 생산했다. 그들은 자연의 법이 하나님의 영적인 법과 조화를 이룬다는 사실을 배웠다! 그들은 바닷가 마을의 어업 활동으로 발생하는 쓰레기를 활용한 곡물을 자라게 하는 비료 생산법을 배웠다. 한스는 하나님의 말씀 안에 온 세상을 변화시키기에 충분한 능력이 있다고 계속해서 말했다.

한스 닐센 하우그(Hans Nielsen Hauge)는 어느 항구를 바라보고는 미래의 무역 기지 아니면 제지 공장을 보았다. 그는 돈 있는 사람들에게 투자를 권유하면서 필수품들을 수입하지 않고도 자급자족하는 나라를 만들자고 강권했다. 소금이 부족함을 알았을 때는 소금 가공법을 배우고 소금 생산에 좋은 장소들을 찾았으며, 동시에 '하나님의 말씀의 소금'에 대해 설교했다. 그는 설교를 중단하라는 명령을 거부하고, 지배층을 '훼방'했다는 죄목으로 아홉 번이나 감옥에 갇혔다. 부자가 될 수도 있었던 그가 마지막 투옥되었을 때 가진 전부는 미화 2달러 50센트 정도였다. 그는 자신의 모든 돈을 농부들에게 주어 땅을 사게 하거나 새로운 사업을 시작하는 사람들에게 주었다.

그는 성경을 가르쳤다. 그는 노르웨이 전역에 하나님 말씀의 인간 '나무들'을 심었고, 그들은 열매를 맺기 시작해 노르웨이 국경을 넘어 다른 나라들로 퍼져갔다.

한스 닐센 하우그의 유산

한스 닐센 하우그(Hans Nielsen Hauge)가 행한 종의 사역의 유산은 잊히지 않았다. 나는 사랑하는 친구, 고(故) 프랑크 칼렙 얀센(Frank Caleb Jansen)으로부터 이 훌륭한 청년에 대해 처음 들었다. 프랑크는 청년 한스 닐센 하우그처럼 많은 방면에 은사가 있었다. 정치가, 외교관, 선교학자, 음악가, 노벨평화상 위원회 위원이던 그는 무엇보다 하나님 말씀의 종이었다. 그는 자신을 '노르웨이의 요셉'이라 여긴다고 종종 말했다. 그는 성경을 그 기초로 삼는 나라는 번영할 것이라고 굳게 믿었다. 북한의 아주 중요한 지도자와의 대화 중에 프랑크는 자신의 멘토인 한스 닐센 하우그가 했던 동일한 말을 했다. "만일 한 나라의 헌법이 성경에 기초한다면, 그 나라는 모든 국민의 필요를 공급해 주고 나아가 전 세계를 축복할 정의롭고 의로운 사회를 세울 수 있습니다." 북한 지도자들은 그의 말을 수용하지는 못했을지언정 분명히 그 말을 들었다. 프랑크 칼렙 얀센은 진정으로 온유하고 겸손한 주님의 종이었다. 그는 이사야 선지자가 "상한 갈대를 꺾지 아니하며 꺼져가는 등불을 끄지 아니하고 진실로 정의를 시행할 것이며 그는 쇠하지 아니하며 낙담하지 아니하고 세상에 정의를 세우기에 이르리니 섬들이 그 교훈을 앙망하리라"(사 42:3~4)라고 묘사한 그 자체인 고난받는 종 예수 그리스도를 자기 삶의 모델로 삼았다. 프랑크 칼렙은 남북한 모두의 친구였으며 한반도 평화를 위해 일했다. 그 역시 하나님의 정의를 행하는 종이었으며, 그 정의에는 깨어진 나라 코리아의 화해가 포함되어 있었다. 그는 자신의 저서 「Target Earth: Necessity of Diversity in Holistic Perspective(이 땅을 표적 삼으라: 총체적 관점으로 본 다양성의 필요)」를 통해 전 세계 교회의 선교에 중대한 영향을 미쳤다.

강원도의 깊은 산골짜기에 대천덕 신부님(Fr. R. A. Torrey)이 세운 기독교 공동체인 예수원을 방문하면 "노동은 기도요, 기도는 노동이다."가 쓰인 액자가 벽에 달려 있다. 대천덕 신부님 또한 청년 한스가 알았던 진리, 곧 우리가 하나님의 말씀을 믿고 그대로 행하면 하나님이 우리나라에 정의를 가져오기 위해 우리를 사용하실 것이라는 진리를 이해했다.

노르웨이 및 온 세계의 많은 청년이 한스 닐센 하우그의 발자취를 따라가고 있다. 시편 기자의 말씀은 우리에게 소망을 준다. "주의 권능의 날에 주의 백성이 거룩한 옷을 입고 즐거이 헌신하니 새벽 이슬 같은 주의 청년들이 주께 나오는도다"(시 110:3). 하나님의 말씀의 종들이여! 열방에 정의를!

묵상과 예배를 위한 찬송

Ruled in This Place 이 곳을 다스리소서
(빌 1:27; 2:1~5)

우리가 이 세상에 하나님의 *군대*로
부르심 받았음을 이해하지 못할 때
교회는 약하네
우리가 싸우는 싸움들
너무 많이 스스로와의 싸움일 뿐
주님, 우리를 당신의 사랑의 깃발 아래 연합하소서

연합과 열림을,
겸손과 깨어짐을 허락하소서
오 주님, 이곳에 당신의 능력을 베푸소서
당신의 빛 가운데 우리에게 빛 비추시고
당신의 의 가운데 우리를 풀어주소서
오 주님, 이곳에 당신의 능력을 베푸소서

//: 이곳을 다스리소서 (x4)

하나님을 경외하지 않는 영이
세상에 있네
힘없는 군중이 그 영에 붙들려
그 어둠의 적에게 억압 당하여
빛을 보지 못하니
오 이 시간 그들의 구원을 기도하옵니다

포로된 자들을 해방시키고
내리워진 자들을 당신의 승리로 이끄소서
오 주님, 이곳에 당신의 능력을 베푸소서
당신의 빛 가운데 우리에게 빛 비추시고
당신의 의 가운데 우리를 풀어주소서
오 주님, 이곳에 당신의 능력을 베푸소서

//: 이곳을 다스리소서 (×4)*

지난 팬데믹으로 우리 주님의 교회는 평안의 매는 줄로 성령의 하나됨을 보여주지 못하고, 오히려 많이 분열되어 우리와 다르게 보고 행하고 생각하는 자들에게 매우 적대적이 되었다. 이것은 역사를 통틀어 교회가 가져온 연약함이었지만, 오늘날 미국에서 더 분명히 드러나고 있다. 우리는 '이 세상에서 하나님의 군대'가 되라는 우리의 소명을 분열시키고 흐려지게 하는 '대적의 궤계'를 깨달아야 한다.

이 노래는 하나님께서 그의 교회를 다스려 우리를 그의 마음과 뜻으로 다시 인도하시고 그렇게 하여 우리가 세상에서 부르심 받은 그 모습으로 돌아가게 해 달라고 우리 하나님께 구하는 나의 기도다.

"포로된 자들을 해방시키고

내리워진 자들을 당신의 승리로 이끄소서

오 주님, 이곳에 당신의 능력을 베푸소서

당신의 빛 가운데 우리에게 빛 비추시고

당신의 의 가운데 우리를 풀어주소서

오 주님, 이곳에 당신의 능력을 베푸소서

//: 이곳을 다스리소서 (×4)"

"선행을 배우며 **정의를 구하며** 학대 받는 자를 도와 주며 고아를 위하여 신원하며 과부를 위하여 변호하라 하셨느니라"(사 1:17)

"사람아 주께서 선한 것이 무엇임을 네게 보이셨나니 여호와께서 네게 구하시는 것은 오직 정의를 행하며 인자를 사랑하며 겸손하게 네 하나님과 함께 행하는 것이 아니냐"(미 6:8)

"우리가 육신으로 행하나 육신에 따라 싸우지 아니하노니 우리의 싸우는 무기는 육신에 속한 것이 아니요 오직 어떤 견고한 진도 무너뜨리는 하나님의 능력이라 모든 이론을 무너뜨리며 하나님 아는 것을 대적하여 높아진 것을 다 무너뜨리고 모든 생각을 사로잡아 그리스도에게 복종하게 하니"(고후 10:3~5)

"그러나 너희는 택하신 족속이요 왕 같은 제사장들이요 거룩한 나라요 그의 소유가 된 백성이니 이는 너희를 어두운 데서 불러 내어 그의 기이한 빛에 들어가게 하신 이의 아름다운 덕을 선포하게 하려 하심이라"(벧전 2:9)

"형제들아 너희가 자유를 위하여 부르심을 입었으나 그러나 그 자유로 육체의 기회를 삼지 말고 오직 사랑으로 서로 종 노릇 하라"(갈 5:13)

고난받으신 사랑의 종 예수 그리스도는 열방 가운데 하나님의 정의를 세우기 위해 세상에 오셨다. 이사야는 그에 대해 이렇게 말한다. "내가 나의 영을 그에게 주었은즉 그가 이방에 정의를 베풀리라 … 그는 쇠하지 아니하며 낙담하지 아니하고 세상에 정의를 세우기에 이르리니"(사 42:1, 4). "오직 만군의 여호와는 정의로우시므로 높임을 받으시며 거룩하신 하나님은 공의로우시므로 거룩하다 일컬음을 받으시리니"(사 5:16).

제 6장

말씀의 종

> 이는 주께서 주의 말씀을 모든 하늘에 크게 하셨음이라
> (시편 138:2, 로버트 알터(Robert Alter) 역, 역자 번역)

하나님의 말씀은 종의 집이다. 그곳은 지존자의 은밀한 곳이며, 종의 은신처이다. 거기서 우리는 매일 아침 아버지와 얼굴과 얼굴을 대하여 만나고, 세상에 주는 아버지의 마지막 말씀인 예수님의 아름다움을 바라본다. 그 만남 가운데 성령은 우리 마음의 눈과 귀를 열어 하나님이 우리에게 하시는 모든 말씀을 듣게 하신다. 고난받는 종의 노래 세 번째(사 50:4~9)는 어쩌면 네 개의 노래 중 가장 친밀한 노래일 것이다. 거기서 우리는 종이 기쁨으로 노래하고 있고 그 이유는 사랑이 많으신 그의 아버지 하나님이 종을 아침마다 깨워서 이 세상의 연약한 자들을 굳게 세우는 일에 준비되게 할 말씀을 들려주시기 때문임을 발견한다. 종은 제자로서, 그 가장 큰 기

쁨이 자기 주인의 말씀을 듣는 것인 자로서, 주의 깊게 말씀을 듣는다.

세례 요한은 가장 초기에 예수님의 종들 중 하나였고, 자신에 대해 "신부를 취하는 자는 신랑이나 서서 신랑의 음성을 듣는 친구가 크게 기뻐하나니"라고 말했다. 예수님이 말씀하시는 것을 들었을 때 그는 "나는 이러한 기쁨으로 충만하였노라"(요 3:29)라고 외쳤다.

우리는 모두 다양한 방식으로 하나님을 경험한다. 새벽빛이 우아하게 밝아오는 아름다움, 저녁노을의 화려함, 아니면 예수님과 그저 동행하는 가운데 서늘한 저녁 무렵에 그와 이야기하고 그의 말씀을 들으며 그가 함께하심을 즐기는 것, 이 모든 것들은 주님과의 사귐을 더욱 깊게 해 준다. 그러나 이 모든 중 어떤 것도 하나님이 그의 말씀을 통해 전달하시는 말을 듣는 것과 비교할 수 없다.

하나님의 말씀이 당신 안에 풍성히 거하게 하라

예수님 자신은 말씀이시다(요 1:1; 요일 1:1). 그러므로 그가 말씀 안에서 우리에게 말하시는 것은 당연하다. 삶을 변화시키는 그리스도와의 교제는 그의 말씀 안에서 일어나야 한다. 주님의 종으로서 내 경험은 말씀의 경험이다. 말씀 안에서 하나님에 관한, 세상에 관한, 삶에 관한, 그리고 심지어 나 자신에 관한 진리까지도 나에게 알려진다.

우리가 하나님의 영이 우리를 하나님 말씀으로 채우도록 허용할 때 기적이 일어난다. 하나님의 말씀이 우리를 집으로 삼으신다. 말씀은 우리를 하나님의 임재 안으로 데려간다. 그의 말씀은 우리의 생각을 하나님의 진리로, 우리의 마음을 그의 사랑으로 채운다. 그다음에 하나님의 말씀은 우리의 생각을 새롭게 하고, 우리의 뜻의 방향을 조정하며, 우리의 감정을 회복하고, 우리 상상력의 초점을 다시 맞추게 하며, 우리의 죄를 꾸짖고, 우리 마음을 기쁘게 하며, 우리 몸에 활력을 불어넣고, 깨어진 영을 회복시키며, 우리 삶을 구속하실 것이다. 그렇다면 사도 바울이 우리에게 "그리스도의 말씀이 너희 속에 풍성히 거하여 모든 지혜로 피차 가르치며 권면하고 시와 찬송과 신령한 노래를 부르며 감사하는 마음으로 하나님을 찬양하라"라고(골 3:16) 권면한 것은 당연하지 않은가?

우리가 하나님의 말씀을 조금이라도 이해한다면 성경이 단순히 인간의 책이 아님을 안다. 성경은 하나님이 그의 종들에게 날마다 열어주시는 하나님의 책이다. 하나님은 여호수아를 모세의 후계자로 부르셨을 때, 여호수아가 반항적인 이스라엘 백성을 광야에서 끌어내 약속의 땅으로 들어가게 하실 것이라고 그에게 약속하셨다. 그리고서 하나님은 여호수아에게 중요한 계명 하나를 주셨다. "이 율법책(하나님의 말씀 전체)을 네 입에서 떠나지 말게 하며 주야로 그것을 묵상하여 그 안에 기록된 대로 다 지켜 행하라 그리하면 네 길이 평탄하게 될 것이며 네가 형통하리라"(수 1:8).

하나님 말씀의 중심성

자기 조국인 노르웨이의 정의의 종이었던 한스 닐슨 하우그(Hans Nielsen Hauge) 이야기를 읽으며, 어쩌면 독자들은 그가 언제나 성경과 함께 있었음을 눈치챘을지 모르겠다. 성령은 그의 눈을 열어 하나님의 말씀 안에서 새 빛을 보게 하셨다. 하나님은 어떻게 한스의 나라가 가난을 극복하고 존엄을 되찾을 수 있는지에 대한 하나님의 신비를 그에게 말씀하셨다. 하나님은 여호수아에게 말씀하신 것처럼 청년 한스에게도 그렇게 하셨다. 그는 한스에게 아침마다 말씀하셨고, 그날을 향한 그의 뜻을 말해주셨으며, 그의 종에게 그날의 '청사진'을 주셨고, 그가 가야 할 길을 알려 주셨다. 한스는 고난받는 종의 두 번째 노래에 기록된 이사야의 하나님 말씀에 대한 묘사를 이해했다. "내 입을 날카로운 칼 같이 만드시고 … 나를 갈고 닦은 화살로 만드사"(사 49:2) 우리의 마음을 찔러 우리의 죄를 드러내지만, 또한 하나님의 뜻을 드러내는 날카로운 칼, 그리고 우리나라와 세계를 두루 다니며 온 세상을 하나님을 아는 지식으로 채우는 갈고 닦은 화살, 이것이 하나님 말씀이다!

예수님은 그가 하신 말씀이 영이요 생명이라고 말씀하셨다(요 6:63). 수백만의 사람들이 그냥 요한복음의 쪽 복음을 집어 들어 읽고는 영원한 새 생명을 얻었다. 성령은 하나님 말씀의 저자로 그는 말씀 속에서 하나님을 찾는 자들에게 생명을 넣어 주신다. 하나님은 말씀 안에서 그의 종들을 만나기를 원하시며 그들에게 그의 비밀을 드러내길 원하신다. "하나님의 비밀인 그리스도를 깨닫게 하려 함이니 그 안에는 지혜와 지식의 모든 보화가 감추어져 있느니라"(골 2:2~3).

종으로서 당신은 하나님께 묻고 싶은 질문이 없는가? 종으로 어떻게 살아야 할지 그 방향을 구하지 않는가? 세상의 모든 질문에 대한 답은 우리 아버지 안에 감춰져 있으며 그분은 그의 말씀 안에서 그 답들을 주기로 선택하셨다.

종으로서 우리는 하나님을 알고 우리의 삶 및 세상을 향한 그의 뜻을 아는, 말씀의 사람들이 되라는 부르심을 받았다. 예수님은 "사람이 떡으로만 살 것이 아니요 하나님의 입으로부터 나오는 모든 말씀으로 살 것이라"(마 4:4)라고 말씀하셨다. 그는 제자들을 위해 기도하며 아버지께 이렇게 말씀하셨다. "나는 아버지께서 내게 주신 말씀들을 그들에게 주었사오며 그들은 이것을 받고 내가 아버지께로부터 나온 줄을 참으로 아오며 … 그들을 진리로 거룩하게 하옵소서 아버지의 말씀은 진리니이다"(요 17:8, 17).

시편은 성경 전체를 이해하는 열쇠다. 시편에는 성경의 모든 신학이 담겨 있으며 인간의 모든 감정이 다뤄진다. 예수님은 시편으로 기도하셨고 제자들과 함께 시편을 노래하셨을 가능성도 높다. 우리는 시편을 묵상하고 기도할 때 예수님을 만난다. 토마스 머튼(Thomas Merton)은 "시편은 우리 마음과 생각을 살아 계신 하나님의 임재 안으로 데려간다. 시편은 우리를 하나님의 사랑과 연합시키기 위해 그의 진리로 우리 생각을 채운다"[1]라는 말로 시편의 중요성을 보여준다.

말씀 안에서 하나님 음성 듣기

이사야서의 고난받는 종의 세 번째 노래(사 50:4~9)는 하나님이 그의 종들을 어떻게 말씀으로 무장시키시는지 가르쳐준다. 하나님은 성경 말씀을 통해 말씀하신다. 성경은 수직적인 책이다. 다른 모든 책은 사람이 사람에게 말하는 수평적인 책이다. 하나님의 말씀은 영구적이며 영원하다. "풀은 마르고 꽃은 시드나 우리 하나님의 말씀은 영원히 서리라 하라"(사 40:8). 그의 말씀은 진리이며, 예수님은 "진리를 알지니 진리가 너희를 자유롭게 하리라"(요 8:32)라고 말씀하신다. 오직 진리만이 사람들을 속박에서 해방할 수 있으며, 하나님의 종들은 진리로 채워져야 한다.

이사야는 고난받는 종의 노래 네 편을 다 바벨론에 포로로 잡혀 갔다가 고레스(그 역시 주님의 종이었다)[2]가 석방시킨 사람들에게 썼다. 그들은 여전히 자신들을 피해자로 보았고, 심지어 하나님이 '어미와 이혼하여' 그들을 노예로 팔았다고 고소하기까지 했다(사 50:1~3). 오늘날의 많은 고통받는 사람들처럼 그들은 하나님이 자기들을 버

---

1 *광야의 식탁*, Bread in the Wilderness, p.13
2 사 44:28~45:7

리셨다고 느꼈다. 물론 하나님은 과거나 지금에나 절대로 자기 백성을 버리지 않으신다. 그는 진리의 종들을 보내 백성을 해방시키신다.

세 번째 노래 전체는 하나님의 말씀 안에서만 발견되는 하나님의 진리에 관한 노래다. 앞에서 우리는 하나님이 그의 종들을 너무나 사랑하셔서 아침마다 깨우신다고 했다. 그는 '내 귀를 깨우치사' 날마다 그가 내게 하실 말씀을 듣게 하신다(사 50:4). 요즘 많은 그리스도인은 하나님 말씀을 듣기가 어렵다고 한다. 그들은 하나님 음성을 들을 수 있기 위해 새로운 방법들을 찾기도 하고, 오늘날의 세상이 소음과 산만한 일로 가득 차 있어서 활동적인 사람이 하나님의 음성을 듣기란 거의 불가능하다고 종종 불평하기도 한다. 그런 사람들은 수도원에 가야 하는가? 아니면 하나님의 음성을 들을 수 있는 조용하고 목가적인 마을로 이사해야 하는가? 우리 가족이 뉴욕에 살 때 내 사무실은 세계에서 가장 소음이 많은 곳 중 하나인 타임스퀘어에서 두 블록 떨어져 있었다. 어느 날 나는 멈추지 않는 소란한 소음과 번쩍이는 불빛에 둘러싸여 타임스퀘어를 걷고 있었다. 나는 잠시 멈춰 하나님께 물었다. "주님, 이런 곳에서도 정말 제가 당신이 말씀하시는 걸 들을 수 있나요? 어떻게 해야 하나님의 음성을 들을지 가르쳐 주십시오." 하나님은 단순한 말로 대답하셨다. "내 아들아, 더 가까이 오거라."

답은 방법론이나 더 많은 연구, 또는 물리적 위치의 변화에 있지 않다. 거하기를 선택함으로써, 다시 말하면 말씀을 통해 하나님 안에서 안식하고 하나님을 우리의 집으로 삼음으로써 마음이 변화되어야 답을 얻을 수 있다. "너희가 내 안에 거하고 내 말이 너희 안에 거하면 무엇이든지 원하는 대로 구하라 그리하면 이루리라"(요 15:7).

종의 마음을 정의하는 두 단어

종의 마음은 '듣고' '순종하기'(사 50:4~5)라는 두 단어로 정의된다. 종은 하나님의 뜻을 알고 온전히 순종하기 위해 제자로서 듣는다. 복음서를 읽으며 고난받는 종 예수님이 어떻게 매일 아침, 그리고 종종 밤새도록 아버지를 구했는지 눈여겨보지 않았는가? 아버지와의 교제가 예수님의 사역 비결이었으며, 그들의 교제는 그들이 나눈 말을 중심으로 일어났다. 예수님은 아버지가 그에게 하신 모든 말씀을 들었고, 나중에 그 말을 제자들에게 나누셨다. 예수님은 말할 수 없는 기쁨으로 한마디 한마디를 듣고 다 순종하셨다. 이것이 그의 마음, 바로 모두의 가장 훌륭한 종의 마음이었다! 듣고 순종하는 것, 그 외에 다른 길은 없다.

예수님이 기쁘게 순종함으로 고난을 당하고 십자가를 견디실 때 아버지의 말씀은 그가 절대 뒤로 물러서지 않고 그 얼굴을 가장 딱딱한 돌인 부싯돌같이 굳게 할 힘을 주셨다(사 50:7). 성경에는 "이 말은 나와 아무 상관이 없어."라고 할 수 있는 말은 하나도 없다. 하나하나의 말씀이 하나님이 나에게 하시는 말씀이기 때문이다! 나는 듣고 순종하기만 하면 된다.

하나님의 말씀은 새 시작을 창조하신다

종이 하나님을 만나야 하고 그의 말씀 속에서 그에게 귀 기울여야 하는 이유는 무엇인가? 그 이유는 모든 사역이 하나님의 말씀에서부터 흘러나오기 때문이다. 예수님은 "너희가 내 안에 거하고 내 말이 너희 안에 거하면 무엇이든지 원하는 대로 구하라 그리하면 이루리라"(요 15:7)라고 말씀하셨다. 하나님은 그의 종들의 순종을 통해 새로운 시작을 만드신다. 그의 말씀은 언제나 새 시작을 창조한다. 하나님은 그의 말씀을 하늘에서 내리는 비와 눈에 비유하셨다. 비와 눈은 땅을 적셔 그의 백성을 위한 양식을 공급할 수 있게 하기 전까지는 다시 하늘로 돌아가지 않는다. "내 입에서 나가는 말도 이와 같이 헛되이 내게로 되돌아오지 아니하고 나의 기뻐하는 뜻을 이루며 내가 보낸 일에 형통함이니라"(사 55:10~11). 예수 그리스도는 하나님이 하늘에서 보내신 말씀이었다. 말씀이신 예수님은 이 땅에 오셨고, 그를 보내신 하나님의 목적을 이루실 때까지 아버지께로 돌아가지 않으셨다. 예수님이 제사장으로서 어떻게 아버지께 기도하셨는지 보라. "아버지께서 내게 하라고 주신 일을 내가 이루어 아버지를 이 세상에서 영화롭게 하였사오니"(요 17:4). 그분은 그를 신뢰하고자 하는 모든 사람을 위해 새 시작을 창조하셨다. 그가 그의 종들에게 보내시는 하나님의 말씀도 이와 동일하다. 그 말씀은 새 시작을 창조할 것이며 하나님께로 헛되이 돌아가지 않을 것이다.

어떻게 하나님의 말씀으로 채워질 수 있을까?

그렇다면 어떻게 해서 하나님의 말씀은 영적 전쟁을 위한 종의 무기가 될 수 있는가? 고난받는 종의 두 번째 노래는 하나님의 말씀을 '날카로운 칼과 갈고 닦은 화살'로 묘사하고 있으며, 이 둘 다 원수인 사탄을 물리치기 위한 무기이다(사 49:2). 우리는 어떻게 하나님의 말씀을 통해 하나님을 알게 되는가? 어떻게 하면 우리는 하나님의 말씀으로 충만하게 되어서 날마다 그와 깊이 교제하며 걸을 수 있는가?

그 비결은 겸손에 있다. "무릇 마음이 가난하고 심령에 통회하며 내 말을 듣고 떠는 자 그 사람은 내가 돌보려니와"(사 66:2) 예수님은 그 길을 보여주신다. 그는 하나님으로서의 모든 능력을 비워 스스로 아무것도 아닌 자가 되셨다(빌 2:7). 우리가 아무것도 아닌 존재가 될 때 하나님이 우리 삶에 모든 것이 되신다. 그다음에 그의 말씀으로 우리를 채우시고, 그 자신으로 우리를 채우신다. 하나님의 말씀에 떠는 자들은 하나님의 말씀이 그들의 삶을 완전히 변화시킬 절대적인 진리임을 이해한다. 우리가 하나님의 말씀에 떨 때 우리의 죄악을 인식하고 회개하기 시작한다. 그러나 우리는 하나님이 우리에게 말씀하시는 것을 계속 들으면서 우리의 슬픔을 그의 감당할 수 없는 기쁨으로 대체하는 그의 말씀의 위엄에 경외함과 놀라움으로 가득 차게 된다. 하나님은 원수를 물리치고 세상에 하나님 나라의 생명을 가져오기 위한 가장 강력한 무기로 그의 말씀을 우리에게 주신다고 하신다.

우리는 성경을 우리 삶의 최고의 책으로 삼아야 한다

하나님과 그의 말씀을 가까이하는 데에는 대가가 따른다. 성경의 위대한 사람들은 모두 이 대가, 곧 자기들에게 온 하나님의 말씀에 반응하는 데서 오는 고난과 위험을 알았다. 그러나 그들은 하나님의 말씀에 순복하면서 "자신들이 엎혀져 가고 있고, 이상하게도 자유로우며, 확신에 차고, 심지어 기쁘기까지 하며, 처음에 물밀듯 밀려왔던 그 위엄 있는 능력과 사랑이 삶의 마지막 순간까지 자신들을 지탱해 주었음을 발견했다".[3]

우리는 하나님의 말씀을 이해하고 받아들이고 그 말씀과 함께 살 수 있기 위해 어떤 대가를 치러야 할지 기억해야 한다. 그러기 위해서는 고된 수고와 다른 것에서 기쁨을 구하지 않는 자기 부인, 그리고 기도가 요구된다. 나는 출중한 하나님의 교사인 로날드 월러스(Ronald S. Wallace) 밑에서 배우면서 우리가 다른 어떤 책도 할 수 없을 정도로 하나님의 말씀이 우리 사고를 지배하고 형성하게

---

3 Ronald S. Wallace(로널드 월러스), *class notes at Columbia Theological Seminary*(콜롬비아 신학대학원 강의 노트 중에서), 1971

허용한다면, 그리고 말씀을 거의 외울 정도로 날마다 그 말씀을 열심히 읽는 수고를 한다면, 그러면 성경이 그 자신을 '비범한 방식으로' 우리에게 내어줄 것이라고 그가 거듭거듭 말하던 생각이 난다. 우리가 계속해 찾으면 결국 우리는 찾을 수 있다. 계속 문을 두드리면 문은 우리에게 열린다.

"우리는 하나님의 말씀이 우리의 생각을 빚어가도록 허용해야 한다. 우리가 정신적으로 반응하면서, 우리의 생각이 가야 할 길과 따라야 할 경로를 말씀이 주장하시게 해야 한다. 우리는 우리 앞에 놓인 이 진리에, 그리고 이 진리 안에서 우리 앞에 계신 하나님 그분께 순복하면서, 우리 자신의 생각의 움직임 속에 있는 자기 의지를 내려놓아야 한다. 하나님을 아는 참된 지식은 순종으로부터 나온다".[4]

어떻게 하면 우리는 하나님의 말씀을 우리 삶의 중심에 둘 수 있는가? 하나님의 성령이 하나님의 말씀을 우리에게 계시하시게 허용할 수 있는 다음 여섯 가지 방법을 고려해 보라.

• 하나님의 말씀을 읽으라

이것이 성경공부의 가장 좋은 방법이다. 예레미야 선지자는 이스라

---

4   Ronald S. Wallace, *The Lord Is King: The Message of Daniel(주님은 왕이시다: 다니엘의 메시지)*. InterVarsity Press, Leicester, England, 1979. P.178

엘 백성이 하나님의 말씀에 무지하여 그에게서 멀어지게 된 것을 탄식했다. 그는 외쳤다. "땅이여, 땅이여, 땅이여, 여호와의 말을 들을지니라"(렘 22:29). 예레미야가 오늘 우리와 함께 있다면 그는 다시 한번 크게 외칠 것이다.

하나님의 말씀을 읽는 방법은 여러 가지가 있지만, 그 모든 방법의 공통점은 하나님의 말씀을 읽으면 그가 오늘 우리에게 하시는 말씀을 들을 수 있게 된다는 점이다. 한 명이나 그 이상의 사람들이 말씀을 소리 내어 읽으면 우리는 그 말씀을 들을 수도 있어 두 배의 축복을 받는다. 그렇지만 혼자 조용히 읽어도 하나님이 말씀하시는 것을 듣는다.

적어도 일 년에 한 번 성경을 통독하는 것이 좋은 목표이다. 그러나 만일 실패하더라도 죄책감에 짓눌릴 필요는 없다. 그냥 다시 읽기 시작하라. 성경을 읽을 때 우리가 영의 양식을 먹고 있다는 사실을 기억하라. 성경의 전체 메시지를 이해할 때 우리는 영적인 영양을 공급해 줄 건강하고 균형 잡힌 식단을 갖게 된다. 어떤 방법을 사용해야 하는가? 많은 성경 읽기 방법이 있지만, 나는 150여 년 전에 살았던 스코틀랜드의 젊은 말씀의 종 로버트 머레이 맥체인(Robert Murray M'Cheyne)의 방식을 추천한다. 인터넷에서 찾아볼 수 있는 그의 성경 읽기 계획을 따르면 일 년에 구약은 한 번, 신약과 시편은 두 번 읽을 수 있다. 내가 사역 전체에 거쳐 사용해 온 또 다른 효과적인 방법은 책별로 성경을 읽는 것인데, 창세기에서 시작해서 요한계시록으로 끝내고 다시 창세기로 시작해서 매일 성경을 읽는 것이다. 나는 매일 시편을 읽는다. 방법이 중요한 것이 아니라 성실하게 규칙적으로 읽으면 변화가 생길 것이다.

성경을 읽을 때 기억할 가장 중요한 일은 읽는 동안 하나님이 말씀하시리라고 기대하는 것이다. 하나님은 그의 말씀 속에서 우리를 만나기를 기뻐하시고 우리가 들을 귀를 가지고 읽을 때마다 우리에게 말씀하고 싶어 하신다.

• **하나님의 말씀을 공부하라**

하나님의 좋은 말씀을 읽으면 읽을수록 말씀을 공부하고자 하는 갈망이 더 커질 것이다. 모든 좋은 성경 공부는 성경을 읽음으로써 시작함을 다시 한번 기억하라. 당신의 교회나 모임에 성경 공부 프로그램이 있다면 망설이지 말고 그룹 성경 공부에 참여하라. 스터디 바이블은 도움이 될 수는 있지만, 성경을 이해하기 위해 어떤 한 사람이나 특정 그룹에 너무 의존하게 될 위험이 있다. 개인 성경 공부에 가장 좋은 도구는 관주 성경으로, 이 성경은 지금 읽고 있는 구절에 대해 말하는 성경의 다른 구절들을 옆의 여백에 참조로 달아놓았다. 성경 구절이 성경 구절을 해석한다는 사실을 기억하라. 예를 들어 시편을 읽으면서 복음서 및 성경의 다른 부분의 참조 구절들을 보면 이해에 많은 도움이 된다는 사실에 놀라게 될 것이다. 도움이 될 책 두 권을 소개하면, 「성경을 어떻게 읽을 것인가?」(How to Read the Bible for All Its Worth)」와 「책별로 성경을 어떻게 읽을 것인가?(How to Read the Bible Book by Book)」가 있고, 둘 다 더글라스 K. 스튜어트(Douglas K. Stuart)와 고든 D. 피(Gordon D. Fee)가 함께 저술했다. 공부에 필요한 좋은 주석이나 다른 도움 자료들을 찾기 위해 영적 지도자들에게 조언을 구하는 것도 좋다.

• **하나님의 말씀을 묵상하라**

하나님의 말씀을 묵상하는 것은 하나님이 우리에게 하시는 말씀을 듣는 열쇠다. 하나님의 말씀은 살아있고, 그 말씀이 바로 말씀이신 예수님이 우리를 만나 말씀하시는 곳이다. 말씀이 바로 우리가 하나님을 만나고 그가 말씀하시는 음성을 들어 '하나님과 대화'를 할 수 있는 곳이다.

히틀러의 악마 같은 권세에 반대했다고 나치 정부가 처형한 디트리히 본회퍼(Dietrich Bonhoeffer)는 위대한 묵상가였다. 본회퍼는 자신의 학생 모두가 히틀러의 군대에 강제로 징집당했을 때 매주 한 사람 한 사람에게 편지를 써서 그가 묵상하며 그에게 힘이 된 성경 말씀을 나눴다. 누군가 한 번은 그에게 묵상이 무슨 뜻이냐고 물었다. 그는 "성경의 말씀을 받아들이고 마리아처럼 마음에 곰곰이 생각하라. 이것이 묵상이다 … 우리는 천천히, 조용히, 그리고 인내를 가지고 한 단어 한 단어 움직이며 하나님의 임재 안에 우리 자신을 두어야 하고, 각 절마다 멈춰 성령께 귀 기울이며 우리를 인도하시기를 기다려야 한다"라고 답했다.[5] 우리가 묵상할 때 무슨 일이 일어나는가? 우리는 매 단어에 멈추고 귀를 기울인다. 하나님은 말씀하신다. 그리고 기적이 일어난다! 성령은 우리 속사람에 각 단어를 심으셔서 말씀이 새 시작을 창조할 수 있게 하신다. 이 과정은 이런 식이다. 내가 하나님이 내게 하고 싶어 하시는 말씀을 들을 때 성령이 하나님의 말씀의 씨앗을 내 안에 심으신다. 나는 "여호와께서 심으신 그 영광을 나타낼 자"(사 61:3)가 된다. 그리고서 성령이 나를 열매를 맺을 완벽한 자리에 '심으신다'. 우리가 주님을 위해 열매를 맺을 때 그가 영광을 받으신다. 하나님의 말씀은 헛되이 그에게로 돌아가지 않는다.

미국 동부의 주요 대학 두 곳에서 여러 해 전에 기적이 일어났다. 로드아일랜드의 프로비던스(Providence)에 있는 브라운대학(Brown University)과 로드아일랜드 디자인학교(Rhode Island School of Design: RISD)에서였다. 엘렌과 나는 뉴저지 주립 대학인 럿거스대학(Rutgers University)에서 학생들에게 사역하고 있었다. 그 학교 기독학생회는 하나님의 성령과 하나님의 말씀 안에 살아있었다. 우리는 그들에게 성경을 한 단어씩 묵상하고 하나님이 무언가 새 일을 하시리라 기대하라고 가르쳤다. 하나님은 럿거스대학 학생들이 우리가 앞서 언급한, 새 시작에 관한 이사야서의 두 절을 함께 묵상

---

5 Bonhoeffer, *Meditating on the Word*(말씀의 묵상), pp. 51~52

하도록 인도하셨다. "이는 비와 눈이 하늘로부터 내려서 그리로 되돌아가지 아니하고 땅을 적셔서 소출이 나게 하며 싹이 나게 하여 파종하는 자에게는 종자를 주며 먹는 자에게는 양식을 줌과 같이 내 입에서 나가는 말도 이와 같이 헛되이 내게로 되돌아오지 아니하고 나의 기뻐하는 뜻을 이루며 내가 보낸 일에 형통함이니라"(사 55:10~11). 그들은 그 이유를 알지 못했지만, 하나님의 영은 그들이 3주 동안 이 간단한 말씀을 묵상하게 하셨다. 매일 묵상하며 그들의 마음은 속에서 타오르기 시작했다.

그 기간에 로드아일랜드 디자인학교(RISD)와 브라운대학교(Brown University)에서 공부하던 친구들이 그들에게 연락해 그들이 너무 부럽다고 이야기했다. 서로 인접한 그들의 캠퍼스에는 그들을 위해 사역해 줄 교회가 없었기 때문이었다. 이 학생들도 하나님의 말씀에 굶주려 있었다. 그러자 하나님은 럿거스 학생들에게 말씀하시면서 그들에게 이사야서의 두 절을 이렇게 오랫동안 묵상시키신 이유가 로드아일랜드 디자인학교(RISD)와 브라운 대학교 학생들 안에서 '새 시작'을 원하셨기 때문이라는 점을 설명해 주셨다. 럿거스 학생들은 자신들이 묵상했던 말씀과 하나님이 그들에게 주신 사명 외에는 줄 것이 없었다. 그 결과 스무 명 정도의 '그리스도를 위한 바보들'이 오래된 밴을 타고 이 두 학교에 가서 자기 친구들에게 하나님의 말씀을 나눠주었다. 무슨 일이 일어났는가? 새 시작이었다! 하나님이 말씀하셨고, 그들은 들었으며, 하나님의 영은 새 일이 일어나게 하셨다! 1년 안에 RISD와 브라운대학교 옆에 하나님의 말씀을 가르치는 젊은 목사가 목회하는 새 교회가 개척되었다! 이 캠퍼스들에서 새 생명이 생겨나기 시작했다! 종들이 말씀 안에서 하나님의 음성을 들을 때 새 시작이 생겨난다.

• 하나님의 말씀으로 기도하라

묵상은 경건한 성경 공부와 기도를 이어주는 다리이다. 우리는 하나님과 우리 삶을 향한 그의 뜻을 배우기 위해 성경을 공부한다. 묵상은 성경의 말들이 생생하게 살아서 개인적으로 다가오게 하고 우리를 기도로 이끈다.

간구와 감사의 기도, 또는 다른 사람을 위한 중보기도는 하나님의 말씀과 함께, 우리 삶의 일부가 되어야 한다. 어떤 기도도 시편의 실제 말들을 사용하여 기도하는 것보다 더 크고 강력한 기도는 없다. 우리는 하나님 자신의 말씀을 사용해서, 시편에 있는 그 말씀을 묵상하며 동시에 기도로 올려드린다. 그러면 하나님의 말씀은 하나님이 그 말씀을 보내신 목적을 다 이루고 나서, 기도 속에 그에게로 돌아간다(사 55:10~11).

• 하나님의 말씀을 암송하라

암송의 아름다움은 하나님의 말씀이 우리의 마음과 생각 안에 머물러서 하나님이 그 '심어진 말씀'(약 1:21~22)을 통해 우리에게 계속 말씀하실 수 있다는 점이다. 이 훈련이 너무 어렵다고 제쳐두기 전에 성경을 암송하는 두 가지 방법을 고려해 보라.

나는 종종 묵상하는 중에 힘들이지 않고 성경이 암송되고 그 말씀이 계속 내 안에 남아 있음을 경험해 왔다. 내비게이터(Navigator) 사역은 많은 사람이 성경 말씀을 암송하고 마음에 담아둘 수 있게 해 주었다. 콥틱 수도회의 위대한 사제 중 하나인 가난한 자 마태 (Matthew the Poor_마타 엘 메스킨 신부 Father Matta El-Meskeen, 1919~2006)는 성경을 어떻게 암송하는지를 명확히 설명해 준다. 그는 '지적인' 또는 학문적인 암송에 대해 말하면서 이 암송은 성경을 통달함으로써 다른 사람에게 우리가 암송한 것을 가르치기 위한 (혹은 어쩌면 남들에게 감명을 주려는) 목적을 가진다고 말한다. 성경 말씀이 우리에게 순복하게 만드는 이러한 유형의 묵상에 상반하여, 그는 우리가 하나님의 말씀에 전적으로 순복하기를 요구하는 '영적 암송(spiritual memorization)'을 추천한다. 영적인 암송은 성경 말씀을 '영적으로 기억함'이라고도 부를 수 있다. 하나님은 우리가 그의 말씀을 이해할 때 이 선물을 우리에게 주시며 그것은 우리가 그의 증인이 되게 하기 위함이다. "보혜사 곧 아버지께서 내 이름으로 보내실 성령 그가 너희에게 모든 것을 가르치고 내가 너희에게 말한 모든 것을 생각나게 하리라"(요 14:26). 성경 암송은 하나님이 그의 증인이 되게 허락하신 자들에게 주시는 영적인 일이다. "성령은 어떤 말씀이 우리에게 떠오르게 하실 때 깊고 넓게 다가오게 하셔서, 단순히 그 절의 내용이 기억나게 하는 것이 아니라 그 절에 있는 영광과 하나님의 능력을 드러내기 위한, 저항할 수 없는 지혜와 영적 권능을 함께 주신다".[6]

사실 나는 '영적으로 기억함'을 목사이자 성경 교수였던 내 장인어른 레이튼 프레이저 박사(Dr. Layton Fraser)에게 배웠다. 그는 성령이 그를 영적인 깊이 안으로 인도하게 함으로써 시편 전체를 외웠다. 그는 자주 시편으로 설교했고, 언제나 시편 말씀을 그대로 말함으로써 시작했다. 그러면 회중은 그가 먹이는 영적 진리에 그들의 생각을 고정했다.

예수전도단(Youth With A Mission, YWAM)의 워드바이하트(Word by Heart) 프로그램은 사람들이 하나님의 말씀으로 가득 차게 돕기 위해 영적 기억함의 개념을 사용한다. 이것은 단순한 암기가 아니라 성경의 이야기, 사건, 또는 진리 안으로 들어가서 성령이 하나님의 말씀을 깨닫는 영적인 통찰을 주시게 하는 것이다. 그 결과로 우리는 다른 사람들에게 하나님 나라의 신비를 나눌 때 좀 더 쉽게 그것을 기억할 수 있다. 암송은 우리의 시선을 각 단어에 고정하고 그 안에서 기뻐하는 일종의 묵상이 된다. 그리고 나면 시편 기자는 우리에게 시편 기자의 이 고백을 할 수 있게 해 준다. "내가 주의 법도

---

[6] 가난한 자 마태, *The Communion of Love(사랑의 교제)*, St. Vladimir's Seminary Press, 1984, p.18~20

들을 작은 소리로 읊조리며 주의 길들에 주의하며"(시 119:15).

• 하나님의 말씀을 선포하라

하나님의 말씀은 우리가 남들에게 우리의 말을 통해, 또 우리의 삶을 통해 그것을 선포할 때 우리 안에서 그 일을 완성하신다. 우리는 하나님의 말씀의 진리를 선포할 때 계속해서 새로워진다. 사람들은 말씀의 능력으로 치유되고 구원받고 새로워진다. 그리고 나라들이 하나님의 말씀을 통해 완전히 변화될 수 있음을 우리는 하나님의 종 한스 닐슨 하우그의 사역을 통해 보았다.

묵상과 예배를 위한 찬송

To Hear as Those Well Taught 가르침을 잘 받은 자들처럼 듣기
(사 50:4~5, 에스라 7:10, 딤전 4:16*)

주 여호와께서 내게
잘 가르침 받은 자의 혀를 주사
곤고한 자를 도울 말을
이해하게 하셨네
아침마다 그가 나를 깨우셔서
하나님 말씀으로 가게 하시니
날마다 내 귀를 여사
잘 가르침 받은 자처럼 듣게 하시네

주 여호와께서 내게
열린 귀, 듣는 귀를 주사
내가 그의 뜻을 거스르지 않고
듣기를 거부하지 않았네
아침마다 그가 나를 깨우셔서
하나님 말씀으로 가게 하시니
날마다 내 귀를 여사
잘 가르침 받은 자처럼 듣게 하시네

감히 가르치는 우리를 하나님이 도우사
우리가 배우는 데 빠른 자 되게 하소서
솟아오르는 불길처럼 당신의 말씀이
우리 영 안에 타오르게 하소서
아침마다 그가 나를 깨우셔서

하나님 말씀으로 가게 하시니
날마다 내 귀를 여사
잘 가르침 받은 자처럼 듣게 하시네

오, 내가 겸손하게, 거룩한 두려움으로,
종의 노래를 부를 수 있기를
주님, 내게 잘 훈련된 혀를 주시고
내 귀를 크게 여소서
아침마다 그가 나를 깨우셔서
하나님 말씀으로 가게 하시니
날마다 내 귀를 여사
잘 가르침 받은 자처럼 듣게 하시네

이 찬송의 가사는 고든 콘웰 신학교의 2005년 졸업반을 위해 쓴 가사이다. 나는 이사야 50장 4~5절에 기록된 이 훌륭한 '종의 노래'에 계속 도전을 받으며, 졸업생들에게도 이것을 도전으로 남겨 주고 싶었다. 오랜 기간에 걸쳐 내가 학생들과 나눠온 모든 말씀 중 아마도 이 노래가 '가장 많이 인용된' 본문일 것이다. 이 말씀은 이사야서의 유명한 '종의 노래' 중 하나의 일부다.

"주 여호와께서 학자들의 혀를 내게 주사 나로 곤고한 자를 말로 어떻게 도와 줄 줄을 알게 하시고 아침마다 깨우치시되 나의 귀를 깨우치사 학자들 같이 알아듣게 하시도다 주 여호와께서 나의 귀를 여셨으므로 내가 거역하지도 아니하며 뒤로 물러가지도 아니하며"(사 50:4~5).

그리스도인들은 종종 이 본문이 궁극적으로는 인간이신 우리 주 예수 안에서 구현된 것으로 보았다. 이 부분은 마가복음 1장 35~39절에서처럼 일찍 일어나 한적한 곳에서 기도하며 그날을 위한 아버지의 지시를 분별하시는 예수님을 떠올리게 한다. 예수님은 분명 자주 그렇게 하셨다(눅 5:16).

이사야서 본문에는 특히 히브리어 원문을 보면, 살펴볼 필요가 있는 표현이 있다. "주 여호와께서 나에게 제자의 혀를 주셨다"(NIV 역자 번역)라는 표현이다. 어떤 사람들은 히브리어 본문 이 부분에 실제 수정이 필요하다고 생각해서 "학자의 혀"(개역개정)라 읽어지도록 바꾸었다. 그러나 수정이 필요한 것은 본문이 아니라 우리의 생각이다. 개역개정판의 주석에는 "사 50:4절 히브리어: 가르침을 받는 자들의"라고 쓰여있다. 실제 히브리어가 그들의 번역과는 상당히 다른 이야기를 하고 있음을 보여주는 것이다.

우리의 혀, 우리 얼굴 한가운데 있는 길들일 수 없는 지옥(약 3:6)은 선을 위해 사용되려면 잘 훈련이 되어야만 한다. 어떻게 이렇게 될 수 있는가? 우리의 귀가 항상 주님께 열려 있어야 한다. 5절을 문자 그대로 읽으면 "주 여호와께서 나의 귀를 여셨으므로 내가 거역하지도 아니하며"라고 했다. 나는 나 자신을 위해 이렇게 기도한다. 하나님이 나에게 귀를 주셨다는 사실에 순종하여 귀를 잘 사용해서 하나님의 말씀을 듣고 그 속에 잠기기를, 그리고 내 혀가 점점 더 길들여져 주인에게 유용해지기를.

하나님의 말씀에 떠는 자들은

하나님의 말씀이

그들의 삶을 완전히 변화시킬

절대적인 진리임을 이해한다

the Heart of A Servant

제 7장

사랑의 종

~~~

나는 미치도록 예수님을 사랑합니다 - 테레사 수녀

이 세상에서 우리는 하나님이 사랑하시는 것처럼 사랑할 때 그분과 같습니다.
(요한1서 4:17, First Nations Version 북미 원주민 성경 역자 번역)

1956년 1월 8일은 에콰도르의 아우카 족에게 복음을 전하려 했던 다섯 명의 젊은 선교사들이 순교한 날이다. 그들은 그들의 주님이 이끄시는 곳 어디서든 그와 동행하겠다는 '위험한 특권'을 받아들인 사랑의 종들이었다. 그들은 사도 요한이 "그가 우리를 위하여 목숨을 버리셨으니 우리가 이로써 사랑을 알고 우리도 형제들을 위하여 목숨을 버리는 것이 마땅하니라"(요일 3:16)라고 한 말을 완전히 이해했다. 그 일이 있기 7년 전, 다섯 명 중 하나였던 짐 엘리엇(Jim Elliot)은 사도 요한의 말씀을 반영한 다음 글을 일기에 기록했었다. "잃을 수 없는 것을 얻기 위해 계속 가질 수 없는 것을 주는 사람은 절대 어리석은 자가 아니다."

이야기는 거기서 끝나지 않았다. 짐의 아내 엘리자베스(Elisabeth)는 순교 당한 다른 한 선교사의 누이인 레이첼 세인트(Rachel Saint)와 함께 아우카 족에게로 돌아가 거기 살며 복음을 증거했다. 그 결과 부족 전체가 예수님께로 돌아왔다. 어쩌면 엘리자베스의 가장 유명한 말은 "당신은 영원한 사랑으로 사랑받는 자입니다"일 것이다. 그녀의 인생철학은 나중에 그녀가 쓴 다음 말로 요약될 수 있다. "그의 은혜는 충분하다. 하나님이 아무것도 그리스도의 사랑에서 우리를 끊을 수 없다고 말씀하실 때 말씀하신 그대로가 진정 사실임을 우리는 의심할 여지도 없이 증명했다. 만일 어디서든 누군가가 제자가 되는 대가가 너무 크다고 두려워한다면 자신을 버리는 모든 자에게 약속된 하늘의 보화를 그가 엿볼 기회를 얻길 기도한다."

"만물이 주에게서 나오고 주로 말미암고 주에게로 돌아감이라"
주님의 참된 종들의 이 놀라운 이야기는 어떻게 하나님이 세상에서 일하시는지의 기본 원리 하나를 보여준다. 사도 바울은 그 원리를 말해준다. "이는 만물이 주에게서 나오고 주로 말미암고 주에게로 돌아감이라 그에게 영광이 세세에 있을지어다 아멘"(롬 11:36). 이것은 너무나 심오한 비밀이라 바울은 비밀을 드러내면서 '아멘'이라 해야 했다. 하나님을 예배함으로 반응해야 했던 것이다. 우리는 저명한 신약학자인 고든 피(Gordon D. Fee)가 밴쿠버의 리젠트 칼리지(Regent College, Vancouver)에서 강의하며 했던 말을 떠올리게 된다. "참된 신학(하나님을 연구함)은 하나님을 찬송함으로 이어져야 한다." 바울이 바로 그다음에 한 말은 하나님의 종들에게 영적인 예배의 행위로서 그들의 몸을 하나님이 받으실 만한 거룩한 산 제물로 드리라는 권고였다(롬 12:1).

사랑은 하나님으로부터 흘러나온다. 예수님은 갈보리 십자가에서 하나님의 사랑의 선물을 완성하셔서 세상에 구원을 주셨다. 그리고 나서야 그는 아버지께로 돌아가셨다. 우리는 하나님의 말씀이 헛되이 그에게로 돌아가지 않는다고 말하며 이 진리를 배웠다(사 55:10~11). 예수님은 하나님의 말씀으로 오셨고 하나님이 그를 보내신 목적을 다 이루지 않고는 하나님께로 돌아가지 않으셨다. 동일한 원리가 모든 하나님의 종들에게 적용된다. 우리는 은혜 위에 은혜로 하나님의 사랑의 충만함을 받으며, 그다음에 그의 사랑은 우리가 그의 뜻에 순종할 때 우리를 통해 세상에 흘러간다. 그러면 우리의 섬김의 삶을 통해, 하나님의 사랑을 받은 사람들의 찬양으로 인해, 하나님의 사랑의 열매가 하늘에 계신 우리 아버지께로 돌아간다. 하나님의 종인 우리에게는 또한 '썩지 않고 더럽지 않고 쇠하지 아니하며 하늘에 간직된 유업'(벧전 1:4)이 있다.

원리는 동일하다. 하나님의 부요함과 지혜와 지식의 깊이는 '만물이 주에게서 나오고 주로 말미암고 주께로 돌아감'을 우리에게 나타내준다. 첫 기독교 순교자였던 스데반에게도 그러했다. 스데반은 돌에 맞아 죽어가면서 자기 자신이 하나님께 받았던 사랑을 그의 원수들을 용서함으로써 그들에게 주었다. 그렇다면 스데반의 사랑의 행위가 실제 세상을 변화시켰는가? 그렇다. 그가 죽은 지 얼마 되지 않아, 스데반이 돌에 맞을 때 있었고 교회의 가장 큰 적이었던 한 사람이 다메섹으로 가던 길에 예수 그리스도를 만나 그를 따르는 제자가 되었다. 하나님은 사도 바울을 로마 제국 전체를 영적으로 정복하기 위한 그의 종으로 사용하셨다! 하나님의 사랑은 로마 제국 전역에서 수많은 사람의 개종을 통해 그에게로 돌아갔다. 하나님으로부터 흘러나오는 모든 것은 사랑이다. 하나님이 사랑이시기 때문이다. 그의 거룩한 성령은 하나님의 종들이 그 사랑을 다른 사람들에게 퍼뜨리게 하시며, 그러면 사랑은 하나님께로 돌아간다.

우리는 하나님께 예(Yes)라고 해야 한다

하나님은 세상을 너무나 사랑하셔서 자신을 희생하여 세상을 구속하셨다! 권력, 돈, 영향력, 전쟁, 이 어떤 것도 세상을 바꾸지 못한다. 하나님의 사랑만이 세상을 바꿀 수 있다. 종들은 사랑의 무기를 가지고 세상에 들어가며, 이 사랑의 무기는 세상의 모든 권세보다 더 강하다.

하나님은 조건 없이 사랑하시며 우리 또한 조건 없이 사랑하도록 명령받았다. 한스 우르스 폰 발타자르(Hans Urs von Balthasar)가 그의 뛰어난 저서인 「Love Alone is Credible(사랑만이 믿을 수 있다)」[1]에서 말하듯이 "사랑은 무슨 일이 닥치던지 거기에 선험적인 '예스'를 하는 것이다. 그것이 십자가이든, 완전히 자신을 버리고 뛰어드는 것이든, 잊히는 것이든, 전적으로 무의미하고 쓸모없게 되는 것이든 상관없이 말이다." 사랑은 아버지께 답한 아들의 예스이고, 천사가 마리아에게 와서 마리아가 초자연적으로 메시아의 어머니가 될 거라고 했을 때 천사에게 답한 어린 마리아의 예스였다. 사랑은 하나님의 절대적인 사랑에 대한 우리의 절대적인 응답이다. 종이신 예수님은 세상을 바꾸셨다. 그리고 그는 그를 따르고, 그가 사랑하시는 것처럼 사랑하는 모든 사람 또한 세상을 변화시킬 것이라고 약속하신다.

'예'라고 대답했던 또 하나의 젊은 여인

이런 사랑의 종들을 오늘날 우리는 찾을 수 있을까? 인도라는 나라를 실제 변화시켰던 인도 콜카타의 테레사 수녀에게 종의 삶에 대해 어떻게 생각하는지 물어보자. 1962년 인도 정부는 테레사 수녀에게 인도 사람들을 섬긴 공로로 시민들에게 가장 영예로운 파드마 쉬리(Padma Shri) 상을 수여했다. 그녀는 또한 1979년에 노벨평화상을 받았다.

---

1 Ignatius Press, 2004. p. 125

18살밖에 되지 않은 소녀였던 테레사는 하나님의 사랑에 "예"라고 대답했다. 나중에 결국 인도 콜카타에서 섬기게 될 그녀가 알바니아 집을 떠날 때, 그녀의 어머니는 "네 손을 예수님 손안에 두고 절대 그 손을 놓지 말아라"라는 말로 이별을 대신했다. 사역 초기에 테레사 수녀의 공동체 리더들은 예수님을 향한 그녀의 엄청난 사랑과 하나님과 깊은 친밀감 때문에 어떤 때에는 수녀님이 극도로 영적이고 거의 신비주의적이라고 생각했다. 그러나 사역 후반기에 콜카타의 어두운 빈민가에서 '가난한 자들 중 가장 가난한 자'를 섬길 때 테레사 수녀는 똑같은 정도의 예수님과의 친밀감을 느낄 수 없었다. 그런데도 테레사 수녀는 예수님의 손을 절대 놓지 않았고, 심지어 콜카타에서 고난의 가장 어두운 밤을 지날 때도 그 손을 놓지 않았다. 그녀는 한동안 그리스도의 친밀함을 더는 못 느꼈지만 계속해서 주님을 신뢰했다. 그리고 한번은 예수님께 이렇게 말했다. "예수님, 비록 제가 이전처럼 당신의 놀라운 임재를 느끼지 못한다 해도 저는 언제나 주님을 사랑합니다."

테레사 수녀가 죽은 뒤에 알려진 그녀 개인의 글들을 읽으면서 나는 인도뿐 아니라 전 세계에 변화를 불러온, 주님의 종으로서 그녀의 삶의 비결들을 발견했다. 그중 몇 가지를 여기 나눠본다.

• **가장 큰 비결은 하나님을 향한 사랑이었다**

그녀의 삶과 행한 모든 일은 하나님으로부터 온 사랑, 곧 인도의 고난받는 사람들을 위해 그녀를 통해 역사한 사랑, 그리고 그녀가 선택한 나라에서 그 희생적인 삶을 통해 하나님께로 되돌아간 그 사랑에 기초한 것이었다.

테레사 수녀는 이렇게 말한 적이 있다. "나는 미치도록 예수님과 사랑에 빠졌습니다!" 그녀는 "하나님을 사랑하지 않으면 결코 그의 종이 될 수 없습니다."라고 강력히 주장했다. 수녀님은 자신을 '하나님의 사랑의 운반자'라 보았으며, "나는 내 안에 있는 모든 능력을 다해서 오직 예수님만을 전적으로, 무조건 사랑했습니다."라고 말하기도 했다. 우리는 하나님의 사랑이 우리 존재의 모든 조직에 스며들어올 정도까지 하나님이 우리를 사랑하시게 해야 한다. 예수님은 베드로에게 그를 향한 주님의 사랑이 그를 급진적으로 변화시켜서 결국 그가 원하지 않는 곳에까지 그를 데려갈 것이라고 경고하셨다(요 21:18~19). 어린 10대 소녀 마리아는 하나님이 자신을 사랑하시게 허용해 드렸을 때 메시아의 어머니가 되었다. 시몬은 하나님이 그를 사랑하시게 허용해 드렸을 때 베드로가 되었다. 교회를 핍박하던 사울은 예수님이 그를 사랑하시게 허용했을 때 바울이 되었다. 젊은 아그네스 곤샤 보쟉슈(Agnes Gonxha Bojaxhiu)는 테레사 수녀가 되었다.

• 테레사 수녀는 사랑이 곧 순종임을 이해했다

삶의 마지막까지 테레사 수녀는 순종하는 종이었다. 10대에는 하나님의 부르심을 신실하게 추구했으며, 그다음에는 일평생 그의 부르심에 무조건 순종했다. 예수님은 "너희가 나를 사랑하면 나의 계명을 지키리라"(요 14:15)라고 말씀하셨다. 테레사 수녀는 하나님이 요청하시는 그 어떤 것도 절대 거부하지 않으리라 맹세했다.

- **테레사 수녀는 종은 절대로 혼자가 아니라 공동체 안에서 섬겨야 한다고 주장했다**

테레사 수녀는 가장 가난한 사람들 사이에서 일하라는 부르심을 처음 따르기 시작했을 때, 자신이 속한 공동체에 그렇게 일해도 되겠냐는 요청을 제출했다. 그런 후 거리와 어두운 광산의 가난한 사람들과 죽어가는 사람들을 위해 일을 시작하기 전에 공동체 리더들의 확증을 기다렸다. 그녀는 팀으로 일했고, 결코 혼자서 하지 않았다. 또한 주님의 종에게는 경계선들이 필요함을 깨달았다. 그녀가 혼자 일하지 않고 공동체 안에서 사역했기 때문에 그 사역은 오늘날에도 계속 번성하고 열매를 맺고 있다.

- **테레사 수녀의 '사랑의 증표'는 겸손이었다**

그녀에게 있어 종이 된다는 의미는 그리스도가 모든 것이 되실 수 있도록 자신은 아무것도 아닌 존재가 되는 것이었다. 그녀의 소원은 '자기를 비워 종의 형체를 가지셨던'(빌 2:7) 자기 주인과 같이 되는 것이었다. "나는 아무것도 아닙니다. 그래서 하나님이 나를 사용하실 수 있습니다! 하나님이 전부이십니다!"라는 그녀의 말에서 볼 수 있듯이 그녀는 '아무것도 아님'의 철학을 가지고 있었다. 일은 하나님의 일이지, 그녀의 일이 아니었다. 그녀는 이렇게 고백했다. "나의 연약함이 곧 하나님의 위대함입니다." 때때로 그녀는 자신의 연약함 때문에 두려웠지만, 하나님의 위대하심을 전적으로 신뢰했다. 겸손은 사랑의 증표이며, 하나님의 종이 되는 데 가장 중요한 열쇠다.

- **테레사 수녀는 칭찬이나 비판, 그 어느 쪽에도 주의를 기울이지 않았다**

테레사 수녀는 사람들이 자기를 오해하고 무시하거나 거부해도 놀라지 않았다. 그리고 사람들의 칭찬에도 감동하지 않았다. 그녀는 '칭찬과 비난 모두에 대해' 자유로웠다. 우리는 일찍이 이것을 배워야 한다. 우리가 하고 있거나 앞으로 하게 될 종의 사역 가운데는 둘 다가 충분히 많을 것이기 때문이다. 우리는 오해도 받고 때로는 칭찬도 받을 것이다. 그러나 우리는 고난 중에도 항상 다른 사람을 축복하려고 노력해야 한다. 누군가 테레사 수녀에 대해 다음과 같이 말했다. "테레사 수녀는 하나님의 부재를 느끼는 인간 영혼의 고뇌를 이해했고, 궁핍, 외로움, 또는 거절에 묻힌 모든 마음의 '어두운 구덩이'에 그리스도의 사랑의 빛을 밝히기를 열망했다."

• 테레사 수녀는 믿음의 여인이었다

말년에 테레사 수녀는 어둠의 고통 및 하나님의 부재의 고통을 계속 느꼈고, 그의 임재를 느끼지 못했다. 그런데도 그녀는 순전한 믿음으로 반응했다. 그녀는 믿음의 진정한 의미를 이해했다. 내가 가장 좋아하는 성경 교수 중 하나인 존 브라이트(John Bright)는 그의 저서, 「The Kingdom of God(하나님의 나라)」에서 믿음을 이렇게 정의했다. "우리가 온갖 종류의 두려움과 절망을 만날 때 … 여기서 우리는 정말 믿음이 참으로 무엇인지 배운다. 그것은 한 번도 질문하지 않았기 때문에 질문으로 골치 앓은 적 없는 잘난 체하는 믿음이 아니라, 모든 질문을 했고 답은 별로 얻지 못했으나 '허리를 동이라! 의무를 다하라! 부르심을 기억하라! 자신을 하나님께로 던져라!'는 명령을 들은 참된 믿음이다." 나는 주님의 종인 테레사 수녀만큼 참된 믿음의 본을 보여준 사람을 생각해 낼 수 없다.

• 기도와 자기희생이 테레사 수녀 사역의 기초석이었다

이것이 진정한 섬김의 정신이다. 우리의 일은 우리의 기도이다. 우리는 하나님이 우리에게 하라고 주신 일을 할 때라야만 다른 사람들에게 사역을 위한 기도에 동참해 달라고 부탁할 수 있다. 기도는 희생이며 우리는 기도의 사람이 되어야 한다. 우리가 하나님의 말씀 속에 시간을 보내며 말씀과 기도 속에 직접 말씀하시는 하나님의 음성을 듣지 않는다면 우리의 사역은 방향을 잃어버릴 것이다.

그 결과 우리는 하나님의 비전을 인간의 비전으로 대체하고 복음의 효율성을 가로막게 될 것이다.

• 테레사 수녀는 절대 뒤돌아보지 않았다

테레사 수녀는 자기 어머니의 말에 순종했고 콜카타에서 고통의 어두운 밤을 지날 때조차도 예수님의 손을 놓지 않았다. 수녀회에서는 그녀에게 수녀회에 와서 그 안정 속에 보호받을 기회를 제시했다. 그렇지만 그녀는 자신의 안정은 하나님께 있다고 대답했다. 그녀의 삶의 역설적인 면은 심지어 때로 그녀가 스스로 믿음이 없다고 느꼈을 때를 포함해 그녀의 영적, 감정적 어두움의 시간에 그녀의 사역이 실제 더 강력했다는 점이다. 그녀는 자신이 섬기던 사람들의 어두움을 더 잘 이해할 수 있었고 열매는 더욱 풍성해졌다. 그녀가 자신이 사랑하는 예수님으로부터 분리된 것 같은 외로움을 느끼면 느낄수록, 예수님을 향한 그녀의 사랑은 더 커졌다. 테레사 수녀는 희생적인 사랑의 종이었다. 그리고 하나님은 그녀를 사용해 한 나라를 변화시키셨다.

테레사 수녀의 간절한 바람은 하나님이 모든 영광을 받으시는 것이었다. 종 된 우리는 악을 이기고 나라들을 변화시키는, '주에게서 나오는' 사랑을 받았고, '주로 말미암아' 그가 우리를 사랑하신 것처럼 다른 사람들을 사랑하며, '그에게만' 모든 존귀와 찬송과 영광을 돌린다. 아멘. (로마서 11장 36절을 보라)

묵상과 예배를 위한 찬송

Wondrous Love 놀라운 사랑
(요 16, 롬 3:25; 8:31~32; 벧전 1:1~2; 계 12:11)

자신의 피로 예수가 우리를 사셨네, 아버지를 위해
그가 우리를 구속하셨네, 우리 죄의 속박에서
우리를 자유케 하셨네, 사망의 두려움에서
감사한 호흡마다
죽으시고 다시 사신 그분 위해 살도록

아버지가 우리 모두를 그의 사랑하시는 아들에게 주셨고
우리도 그와 같이 되도록 예정하셨으니
그가 부르신 자를 의롭다 하시고
그리스도를 위한 신부를 영화롭게 하셨네
놀랍게도 그와 한 몸이 되네! 얼마나 놀라운 신비인가!

<u>후렴</u> :
이 얼마나 놀라운 사랑인가?
삼위일체의 환희에 참여하라 부르셨으니!
이 얼마나 놀라운 사랑인가?
놀라운 사랑!

그리고 아버지가 아들을 위해 성령을 보내셨네
그리고 성령이 아들 안에서 우리를 거룩하게 하셨네
그가 들은 것을 우리에게 말하시고
살아있는 말씀 안에 우리를 인도하시고
약속된 자를 우리 눈앞에 크게 드러내시네

그리고 성령이 우리를 명하사 깊은 교제로 들어가라 하시네
아버지와 아들과 성령의 교제로, 은밀한 사랑으로!
우리가 감히 순종하리, 겸손히
우리의 살 길이신 그리스도를 통해
온전한 확신이 은혜의 보좌로 우리를 이끌 때에

<u>후렴</u> :
이 얼마나 놀라운 사랑인가?
삼위일체의 환희에 참여하라 부르셨으니!
이 얼마나 놀라운 사랑인가?
놀라운 사랑!

"또 우리 형제들이 어린 양의 피와 자기들의 증언하는 말씀으로써 그를 이겼으니 그들은 죽기까지 자기들의 생명을 아끼지 아니하였도다"(계 12:11).

    이 찬송은 삼위일체 하나님의 영원한 사랑에 대해 말하며, 교회는 이 사랑을 세상에 그대로 반영할 특권을 가진다. 우리는 우리 하나님의 놀라운 사랑을 온전히 이해하고 받아들일 때 자유를 누리며 그분이 사랑하시는 것처럼 남들을 사랑할 능력을 받는다.

    우리는 다음 말에 아멘으로 화답한다. "사랑은 하나님의 절대적인 사랑에 대한 우리의 절대적인 응답이다. 종이신 예수님은 세상을 바꾸셨다. 그리고 그는 그를 따르고 그가 사랑하시는 것처럼 사

랑하는 모든 사람 또한 세상을 변화시킬 것이라고 약속하신다. …
우리는 은혜 위에 은혜로 하나님의 사랑의 충만함을 받으며, 그다음에 그의 사랑은 우리가 그의 뜻에 순종할 때 우리를 통해 세상에 흘러간다. 그러면 우리의 섬김의 삶을 통해 하나님의 사랑을 받은 사람들의 찬양으로 인해 하나님의 사랑의 열매가 하늘에 계신 우리 아버지께로 돌아간다. 하나님의 종인 우리에게는 또한 '썩지 않고 더럽지 않고 쇠하지 아니하며 하늘에 간직된 유업'(벧전 1:4)이 있다."(오대원 목사)

제 8장

평화의 종

주님은 내게 그를 위한 바보가 되라고 하셨다
- 아시시의 성 프란시스 -

    태평양 연해의 서북미 지역에 사는 기쁨 중 하나는 장대한 상록수들이 미풍에 흔들리기 시작할 때 그 움직임을 바라보는 것이다. 그 광경은 마치 천천히 우아한 움직임으로 춤추는 것과 같으며 한국의 전통 춤사위와 다를 바 없다. 이사야는 포로로 잡혀간 그의 백성들이 오랜 포로 생활을 마치고 돌아오는 모습을 이러한 아름다운 장면으로 그려냈다. "너희는 기쁨으로 나아가며 평안히 인도함을 받을 것이요 산들과 언덕들이 너희 앞에서 노래를 발하고 들의 모든 나무가 손뼉을 칠 것이며"(사 55:12).

    평화를 알지 못하던 백성이 이제 평화를 가질 것이다. 사도 바울은 더 깊은 평화, 곧 그리스도가 포로된 세상에 가져오신 영적인 평화에 대해 말했다. "그는 우리의 화평이신지라 둘로 하나를 만드사 원수 된 것 곧 중간에 막힌 담을 자기 육체로 허시고"(엡 2:14) 이 말씀을 기록할 때 바울은 로마 황제의 법정 심문을 기다리고 있었다. 그는 왜 예루살렘에서 로마 군대에 의해 갇히게 되었는가? 유대인이 아닌 사람을 유대인의 성전에 데려감으로써, 분리시키는 적개심의 벽을 무너뜨렸다는 혐의를 받았기 때문이었다. 그것은 '이방인 출입 금지, 어길 시 사형'이라는 팻말이 달린 실제 벽이었다. 바울이 실제로 그렇게 하지는 않았지만, 바울에 대한 참소가 너무 컸기 때문에 유대인들은 그를 암살하기 위해 자신의 목숨까지 내어놓겠다고 맹세했다. 로마인들은 평화를 원했고, 그래서 바울을 체포했다.

고대 시대에 있던 가장 심한 인종 편견 중 하나는 유대인과 이방인 사이에 존재하던 편견이었다. 바울은 이 인종 편견에 주목했고 로마의 그리스도인들에게 그리스도의 한 몸으로 함께 예배하라고 간청하기 위해 로마서라는 고전을 쓰기까지 했다. 로마 교회의 유대 기독교인과 비유대 기독교인은 함께 모이기를 거부했고, 바울은 우리가 예수 그리스도의 희생을 통해 용서받고 하나님과 화해되었기에 그리스도의 몸 안에서 함께 사는 삶을 경축해야 한다는 진리를 강조했다. 경축하는 일은 결코 사적인 일이어서는 안 된다.

사람들이 화목하며 살 때 모든 피조물이 기뻐한다

평화는 온전함이고 잘 있는 상태이며 만물이 그리스도 안에서 화해되고 연합될 때 오는 '초자연적으로 자연스러운' 만족이다. 시편 기자는 하늘이 하나님의 영광과 그의 손으로 하신 일을 선포한다고 말한다. 하나님의 사랑이 인간의 죄악과 분열 위에 다스릴 때 모든 피조물은 기뻐한다. 공중의 새들이 기쁘게 노래하고, 동물까지도 그 주위 사람들이 화목하며 살아갈 때 그 변화를 알아채는 듯하다.

그렇지만 오늘날 세상은 깨어져 있다. 대부분 나라는 지속적인 적대감, 인종 편견, 그리고 경제적, 정치적 억압으로 괴로워하고 있다. 이전에는 평화로웠던 지역에서 폭력과 전쟁이 일어나고 있으며, 분노와 두려움이 너무 많은 사람의 삶에 현저히 드러나고 있다. 바울은 "피조물이 고대하는 바는 하나님의 아들들이 나타나는 것"(롬 8:19)이라고 말하며 진리를 표현했다.

하나님은 평화의 종들을 찾고 계신다

주님의 종이 하는 모든 일은 평화와 관련된다. 우리가 예수 그리스도 안에 있는 새 생명을 증거함은 예수를 믿음으로 영접하는 모든 사람에게 영원한 평화를 약속하는 것이다. 우리가 정의를 위해 일함은 평화를 가로막는 장벽을 제거하는 것이다. 우리가 하나님의 사랑을 나눌 때 사람들이 평화롭게 사는 것이 가능해진다. 하나님은 삶의 목표가 모든 피조물에게 하나님의 평강을 가져가는 것인 사람을 찾고 계신다.

하나님은 역사 전반에 걸쳐 평화의 종들을 일으키셨지만, 역사를 거슬러 올라가 12세기 말에서 13세기 초로 돌아가면 그가 찾아내신 특별한 종 한 사람을 볼 수 있다. 아시시의 프란시스(Francis of Assisi)가 이 세상에 들어온 것은 1181년 말 또는 1182년 초였다. 여기서 우리의 목적은 정원에 세워진 동상, 그 어깨 위에 새들이 앉아있고 대부분 사람이 이 특별한 평화의 종에 대해 알고 있는 유일한 지식인 그의 동상 너머의 그를 살펴보는 것이다. 그렇다. 새들이 그의 어깨에 앉아 쉬는 것을 편안하게 느끼고, 다른 동물들도 그에게서 뿜어져 나오는 평화를 느끼기에 그에게 끌리는 것으로 보인 것이 사실이다. 그는 해와 달을 사랑했고 시편 기자처럼 그것에 관한 노래를 했다. 그러나 그의 열정은 당시의 깨어진 교회와 폭력적인 세상 둘 다에 평화를 가져오는 것이었다.

프란시스는 사람들이 중세 암흑기로 알려진 깊은 잠에서 깨어나고 있을 때 태어났다. 역사가들은 12세기와 13세기를, 야만족이 로마 제국을 짓밟고 세계의 문학과 예술을 거의 없애 버리면서 시작된 암흑기로부터 '세상이 깨어나던 시기'라고 말한다.

그러나 완전히 어둡지는 않았다. 하나님은 여전히 그의 종들을 두셨다. 교회가 삶의 중심으로 로마 제국을 대체했고, 수도원들이 설립되었으며, 금욕적인 수도사들은 사막으로 나가 세상을 향한 하나님의 구원을 위해 기도했다. 초기 역사의 위대한 문학과 예술 작품 상당수가 격리된 삶을 살던 이 수도사들에 의해 구제되고 보호되었다. 그들은 평민들에게 읽고 쓰는 법과 양질의 작물을 재배하는 법을 가르쳤다. 그러나 그들의 가장 큰 부르심은 기도였다. 그들의 삶은 세상에서 이교도의 뿌리를 뽑아내는 데 헌신 돼 있었다. 하나님은 암흑기를 통해 일하시며 그의 교회를 정화 시키셨다.

그런 후에 하나님은 그의 교회의 갱생을 완성하고 이교도주의의 감옥에서 벗어나고 있던 세상에 치유를 가져오기 위해, 한 청년을 이 세상에 데려오셨다. 새 나라들이 일어나고 있었고 대학들이 생겨났으며 예술이 번영하기 시작했음이 사실이다. 그러나 여전히 도시의 폭동이 날마다 일어나고 가난한 사람들은 부자들에게 심하게 억압당하며 살인과 폭력이 일상인 세상이었다.

우리도 비슷한 문제들에 직면하고 있기에 아시시의 성 프란시스는 오늘날 우리에게 중요하다. 알렉산더 솔제니친(Alexander Solzhenitsyn)은 1978년 하버드 대학교 졸업식 연설에서 그러한 유사성에 관해 이야기했다. 그는 현재를 "중세에서 르네상스 시대로 전환하던 때와 동일하게 중요한 역사의 분수령"이라고 말했다. 그리고 "우리는 우리 육체의 본질이 중세 시대처럼 저주받지 않고, 그러나 더 중요하게는 우리의 영의 존재가 현대 시대처럼 짓밟히지 않는 새로운 차원의 삶으로 솟아올라야 할 것입니다"라는 도전을 던졌다.

프란시스는 아버지가 이탈리아에서 아주 부유한 의류 상인으로 태생부터 부유한 사람이었다. 청년 때 그의 삶은 안락하고 화려했으며, 그의 유일한 목표는 유명해지는 것이었다. 그의 어머니는 프랑스인이었고, 프란시스는 한때 유명한 프랑스 시인이 되는 꿈을 꾸기도 했다. 십자군 전쟁 시기에 청년들이 아라비아의 무어인(Moors of Arabia)과 싸우기 위해 징집될 때 프란시스는 꿈을 꾸었고 하나님이 자신을 유명한 기사가 되라고 부르신다는 착각을 하게 되었다. 그는 기사가 되기 위해 가족을 떠났는데, 가는 도중 또 꿈을 꾸었고 하나님은 십자군으로 전쟁터에 가지 말고 집으로 돌아가 기다리면 무엇을 해야 할지 말씀하시겠다고 하셨다.

그는 깊은 우울함에 빠졌다. 어느 날 그는 말을 타고 가다가 길에서 어떤 사람이 자신을 향해 걸어오는 것을 보았는데, 그가 나병 환자임을 즉시 알아보았다. 프란시스는 용감한 사람이고 아무것도 두려워하지 않았지만, 나병은 예외였다. 그런데 자신이 무엇을 하는지 의식하지도 못한 채 말에서 뛰어내려 나병 환자에게 달려가 팔로 그를 안았다. 그런 후 그 나병 환자의 손에 입을 맞추고 돈을 조금 준 후에 말을 타고 집으로 돌아갔다. 그런데 성 프란시스(St. Francis)의 전기를 쓴 성 보나벤투라(St. Bonaventura)에 의하면, 그 나병 환자를 보려고 뒤를 돌아봤을 때 그는 사라지고 없었다고 한다. 성 보나벤투라(St. Bonaventura)는 그 나병 환자가 그리스도였다고 말했다.

결국 프란시스는 유명해질 것이었지만, 그의 주 되시는 예수 그리스도의 종으로서였다. 어느 날 그는 기도하러 작은 교회에 들어갔다. 그 교회는 거의 무너지기 직전이었고 수리할 곳이 많았다. 하하나님은 그의 이름을 부르시면서 "프란시스, 가서 무너져 망가지고 있는 내 집을 고쳐라."라고 말씀하셨다. 프란시스는 하나님께 전적으로 순종하고자 했다. 그는 가진 돈을 이미 다 내어주고 없는 상태였지만, 간청하며 돈을 모아 그 교회를 수리했다. 그리고 계속해서 다른 오래된 교회 건물들을 수리했다. 그런데 하나님은 프란시스에게 그가 깨어지고 많이 부패한 그 시대의 영적 교회를 재건하길 원하신다고 다시 말씀하셨다.

누군가 "프란시스가 교회를 계속 건축한 것처럼 하나님도 프란시스를 건설해 가셨다."라고 말한 적이 있다. 나는 이전 장에서 성 프란시스의 발자취를 따랐던 위대한 하나님의 여인 김덕영 권사님과 함께 사역하는 특권이 우리에게 있었다고 언급했었다. 권사님과 그 제자 학생들은 그들이 다니는 국립대학 캠퍼스 안에 교회를 세우겠다고 함께 결정했다. 그런데 김 권사님은 그들에게 "이 캠퍼스에 교회 건물을 세우려고 하기 전에 하나님이 너희 안에 그의 교회를 세우시게 해야 한다. 너희는 예수님을 급진적으로 따르는 자들이 되어야 하며 절대 뒤돌아서면 안 된다."라고 말했다. 그들은 이렇게 했고, 하나님은 기적적으로 그들을 사용하셔서 한 번도 된 적이 없는 일을 하셨다. 그들은 한국의 국립대학 캠퍼스 안에 교회를 세웠다! 그들의 신실함의 결과로 한국 전역의 대학 캠퍼스들 안에 거대한 성령의 운동이 일어났다.

프란시스는 그의 평생에 거쳐, 그의 적들은 물론 가장 가까운 친구들에게조차 바보로 여겨졌다. 그는 사랑에 빠졌는데 그의 신부는 '가난 여사(Lady Poverty)'였다. 그는 가난한 사람들, 나병 환자들, 소외된 사람들 가운데 살면서 사역했고, 그러나 또 부유한 사람들과 사회 지도자들에게도 사역했다. 가난한 자들도 부유한 자들도 다 그를 따르기 시작했다. 그를 따르는 사람들이 열두 명도 되지 않았을 때, 그는 로마에 가서 교황에게 그들을 하나의 수도회로 인정해 달라고 당당히 요청했다. 하나님은 바로 그때 교회에게 꿈을 주셨고, 교황은 그들의 수도회를 인정해 주었다. 프란시스의 추종자들은 계속해서 늘어났고, 13세기 말에 가서는 3만 명이 넘는 사람들이 그의 운동에 참여했다.

프란시스 인생의 목표는 '그리스도를 위한 바보'가 되어, 세상의 인정을 구하지 않고, 가난한 자들 사이에서 살고 일함으로써 나라의 빈곤을 없애며, 기도와 예배의 삶을 사는 동시에 교회에 갱생과 부흥을 가져올 급진적인 그리스도인의 삶을 어떻게 사는지 그리스도인들에게 보여주는 사회개혁을 일으키고, 나라의 치유를 위해 일하는 것이었다. 그리고 그는 이 모든 일을 넘치는 기쁨으로 했다!

그 시대가 십자군 전쟁 시기였음을 기억해 보자. 당시 대부분 기독교인은 이슬람교도들이 모두 진멸되어야 한다고 믿었고, 이슬람교도들도 기독교인들에 대해 그렇게 생각했다. 그러나 프란시스는 이슬람교도들이 그리스도의 축복을 나눠 받기 원했고, 두 종교 사이의 평화를 바랐다. 마침내 그는 (그를 바보라고 불렀던) 수도원장에게 허락받았고, 사라센의 술탄을 만나 평화를 요청하기 위해 십자군 전쟁 중에 적진의 경계를 넘어갔다. 이 '그리스도를 위한 바보'는 이슬람 세계를 회심시키기 위해 두 명의 동행자와 함께 길을 출발했다. 프란시스는 기적적으로 술탄을 만날 수 있었고, 술탄은 기독교인이 되라는 프란시스의 초청을 거절했지만, 그런데도 그를 환영하고 그가 자기 민족으로 돌아가기 전에 무슬림이 통제하는 성지를 방문하게 허용하기까지 했다.

뛰어난 20세기 이슬람권 선교사이던 윌리엄 맥컬위 밀러 박사(Dr. William McElwee Miller)는 현대판 성 프란시스였다. 그는 이슬람교도와 깊은 우정 관계를 맺었다. 한번은 물라(Mullah, 이슬람 율법 학자)가 밀러 박사에게 "기독교는 무엇입니까?"라고 물었다. 그는 기독교는 하나의 여정과 같으며, 그 여정에는 영양 공급을 위한 빵, 소생시키는 물, 방향을 위한 책, 그리고 섬길 기회만 있으면 된다고 대답했다. 물라는 밀러 박사가 생명의 떡, 성령의 생수, 성경, 그리고 하나님을 섬김에 대해 말하고 있다는 사실을 알았다. 진정한 대화의 문이 열린 것이다.

놀라운 이 주님의 종이 내가 공부하던 신학대학원에 방문했을 때 나는 그에게 물었다. "밀러 박사님, 무슬림을 향한 박사님 사역의 비결은 무엇입니까?" 그는 이렇게 대답했다. "기도와 예배입니다! 기도는 그리스도인의 호흡입니다. 예배는 주님의 종이 되기 위해 주님께 우리 삶을 선물로 드리는 것입니다." 그는 또, 우리가 말로만 아니라 그들 사이에서 종의 삶을 살아감으로써 구원의 복음을 나누는 겸손의 영을 가져야만 한다고 덧붙였다.

'가난한 평화의 사람' 프란시스는 세 개의 수도회를 설립했다. 첫 번째 수도회는 수도원에 살지 않고 음유시인들(troubadours)처럼 거리를 다니면서 주님을 향한 즐거운 멜로디를 만들어 노래하고 말과 행동으로 주님을 증거하는 수도사들의 수도회였다. 이 수도회는 청빈의 삶을 엄격하게 지켰고 모든 필요에 대해 주님만을 신뢰했다. 그들은 평범한 그리스도인의 삶에 도전하는 '급진적인 대안'을 보여주었다. 두 번째 수도회는 성 프란시스와 깊은 우정 관계에 있던 성 클레어가 인도하는, 여성들을 위한 수도회였다. 이들의 우정은 영적인 우정 관계가 성적인 사랑만큼 실제 있을 수 있음을 믿지 않는 사람들에게는 말도 안 될 정도로 순수하고 영적이었다. G. K. 체스터턴(G. K. Chesterton)이 성 프란시스에 대한 그의 대표적 전기에서 말한 것처럼 신성한 사랑은 가장 큰 현실이다. 세 번째 수도회는 당대 교회를 위한 가장 훌륭한 선물 중 하나였다. 이 수도회는 모든 그리스도인을 위한 것으로 그들이 집을 떠나거나 일상생활을 중단하지 않고 이 커다란 운동에 동참하게 인도해 주었다. 이 수도회는 많은 사람이 세상 속에서 종 된 삶을 살 수 있게 해 주었다. 어쩌면 이 세 번째 수도회가 오늘날 가장 필요한 것일지 모르겠다.

형제 태양의 찬가

자연과 환경에 대한 프란시스의 깊은 감상과 해와 달, 별과 땅 및 놀라운 신비로 창조된 하나님의 모든 피조물을 향한 그의 사랑을 이 책에 다 담아낼 수는 없다. 그는 새, 물고기, 동물들을 막론하고 모든 살아있는 생물들을 사랑했다. 어쩌면 그는 최초의 기독교 환경운동가였을지 모른다. 평화의 종이라면, 잘 살기 위해 건강한 환경에 의존하는 사람들뿐 아니라 환경 자체에도 관심을 가져야 함이 당연하지 않은가?

성 프란시스는 시인이자 복음을 노래하는 가수였으며, 순회 음악가이자 전도자였다. 그렇지만 가장 중요하게는 하나님을 예배하는 예배자였다. 그는 말씀을 사랑했고, 그가 하나님의 말씀을 가르칠 때면 복음의 기쁜 소식은 날개를 달고 온 땅에 퍼져가는 것 같았다.

그는 사람들을 사랑했고 모든 그리스도인이 그를 사랑했다. 그의 비결은 무엇이었는가? 그는 교회를 새롭게 하고 나라를 치유하기 위해 쓰임 받은 주님의 평화의 종이었다. 성 프란시스는 여전히 오늘의 많은 사람에게 이해받지 못한다. 그런데 주님의 종 대부분이 그렇지 않은가? 하나님은 각 개인을 독특하게 창조하신 것처럼 그의 종들도 세상에서 독특한 섬김을 하도록 부르셨다. 그는 하나님의 피조물에 대한 사랑의 마음에서부터 시편 기자의 마음을 가지고 찬송의 시를 짓고 그것을 노래했다. 시편 148편은 하늘과 땅과 온 나라들과 모든 마음에 평강이 있기를 기도하며 그것을 위해 수고하고 찬송을 부른 하나님의 종, 성 프란시스의 마음을 우리에게 알려준다. 그가 쓴 가장 유명한 시, '형제 태양의 찬가(The Canticle of Brother Sun)'는 이 시편을 메아리친다(시편 19편을 함께 보라).

형제 태양의 찬가

지존하고 전능하며 선하신 주님,

찬송과 영광과 존귀와 모든 복이 당신께 있습니다

지존하신 주에게만 있습니다

당신의 이름은 어느 누구도 부르기에 합당치 않습니다

내 주여, 당신의 모든 피조물과 함께 우리의 찬양을 받으소서

특별히 형제 태양이 주를 찬양합니다

그는 낮이며 그를 통해 당신이 빛을 주시니

그는 아름답고 찬란한 광채를 발하여

지존하신 당신의 형상을 닮았나이다

내 주여, 우리의 자매, 달과 별들을 통해 찬송 받으소서

하늘에서 당신이 그들을 빚으시니, 맑고 존귀하고 아름다우니이다

내 주여, 형제 바람을 통해 찬송 받으소서

공기도, 구름 끼고 고요한 하늘도, 모든 날씨도 주를 찬송합니다

이 모두를 통해 당신의 피조물들을 유지하시는

내 주여, 자매 물을 통해 찬송 받으소서

아주 유용하고 겸손하며 존귀하고 순결한 물의 찬송을,

내 주여, 형제 불을 통해 찬송 받으소서

그를 통해 밤을 비추시니

그는 아름답고 장난스럽고 건장하고 강하나이다

내 주여, 우리 자매, 어머니 지구를 통해 찬송 받으소서

우리를 지탱하고 다스리며

각양 열매를 내고 색색가지 꽃과 풀들을 자라게 하는 지구를 통해,

내 주여, 당신의 사랑을 위해 남을 용서하는 이들,

연약함과 환란을 지고 가는 이들을 통해 찬송 받으소서

복되도다, 평강 가운데 인내하는 이들이여

지존하신 당신이 면류관을 씌우실 이들,

내 주여, 우리 자매, 육신의 죽음을 통해 찬송 받으소서

살아있는 그 누구도 피할 수 없는 죽음을 통해,

사망에 이르는 죄로 죽는 자들에게 화 있도다

복되도다, 당신의 가장 거룩한 뜻 가운데 죽음을 맞이하는 자들이여

둘째 사망이 그들을 해할 수 없도다

내 주를 찬양하고 송축하라, 그에게 감사하라

가장 큰 겸손으로 그를 섬기라

*아시시의 성 프란시스에 대한 추천 도서 목록은 부록 2에서 찾을 수 있다.
**성 프란시스의 형제 태양의 찬가는 YouTube에서 들을 수 있다.

묵상과 예배를 위한 찬송

The Wall Brought Down 벽이 무너져 내리다
(막 10:42~45; 엡 2)

내 영혼을 구원한 놀라운 십자가
내 죄를 지고 나 전부를 사셨네
더 놀라운 일 이루사
믿는 모두를 연합시키니
놀라운 십자가 벽을 무너뜨렸네
우리 모두의 분쟁을 잠잠케 하시니
유대인과 이방인, 모든 육체를
이제부터 하나님 빚으시네, 둘에서 하나로

우리는 많으나, 우리는 하나라
각 부분이 하나님의 독생자를 비추니
여자도 남자도, 종도 자유인도,
한 성령의 연합으로 묶였음이라
온 땅 위로 교회가 넓혀진다
먼 땅에서 성도들이 하나님을 찬송한다
그러나 아직 울고, 그러나 아직 상실을 겪으며
놀라운 십자가를 붙드는 자 많도다

우리가 주 따르기를 거부할 때,
사랑을 버리고 권력을 쥘 때,
우리를 용서하소서, 해를 끼치는 우리를
이 시간 오셔서 우리의 병을 고치소서
오 놀라운 사랑, 오 거룩한 사랑,

주여, 우리 맘을 변화시키시고, 저부터 시작하소서
우리가 받은 것처럼 우리가 주는 자 되게 가르치소서
당신의 사랑 속에 태어나, 사랑 속에 살도록
Text: gap2Θ (2004)
Tune: BROKEN WALL Alt: JERUSALEM

십자가에서의 그리스도의 죽음을 묵상할 때 우리는 그의 죽음이 우리의 평화라는 사실, 그리고 하나님과 뿐만이 아니라 또한 서로와도 평화라는 사실에 마땅한 주의를 기울여야 한다. 에베소서 2장 11~22절은 그러한 신학을 뒷받침하는 주요 본문이다. 성경의 다른 부분에서는 십자가에서 나타난 하나님의 사랑이 우리를 자극해 우리가 서로 사랑하게 해야 맞다는 분명한 훈계가 있다(요일 4:10~12).

내가 여기에 쓴 찬송에서는 이 동일한 십자가의 영향으로 영광스럽게 이루어진 수평적 화해를 축하하려 한다. 그러나 바울의 글에서 분명히 알 수 있듯이, 이 메시지를 믿는다고 고백하는 것과 그에 순종하는 것은 전혀 다른 문제다. 우리는 우리의 현시대 상황 가운데 세상에 존재하는 불의와 고통의 영향을 인식할 필요가 있으며, 평화와 정의를 가져오고 사람들의 복지가 이루어지도록 실제적인 노력을 해야 한다.

마가복음 10장 42~45절은 "예수께서 불러다가 이르시되 이방인의 집권자들이 그들을 임의로 주관하고 그 고관들이 그들에게 권세를 부리는 줄을 너희가 알거니와 너희 중에는 그렇지 않을지니 너희 중에 누구든지 크고자 하는 자는 너희를 섬기는 자가 되고 너희 중에 누구든지 으뜸이 되고자 하는 자는 모든 사람의 종이 되어야 하리라 인자가 온 것은 섬김을 받으려 함이 아니라 도리어 섬기려 하고 자기 목숨을 많은 사람의 대속물로 주려 함이니라"라고 말한다.

나는 무너진 벽(BROKEN WALL)이라 이름 붙인 이 노래에 단순한 곡조를 붙여 보았다. 이 찬송은 다른 익숙한 찬송 곡조들로도 부를 수 있다. 예를 들면, 함부르크(HAMBURG, 대부분 와츠의 찬송(Watt's hymn)으로 알고 있는 곡), 또는 예루살렘(JERUSALEM) 같은 곡이다.

제 9장

종의 공동체

우리의 사귐은 아버지와 그의 아들 예수 그리스도와 더불어 누림이라
(요한1서 1:3)

하나님의 성령이 급하고 강한 바람처럼 임하여 120명이 기도하던 다락방을 가득 채웠다. 불의 혀가 각 사람 위에 임했고 그들은 모두 성령으로 충만해졌다. 즉시 성령은 주님의 종들을 통해 초자연적으로 일하기 시작하셨다. 그런데 사도행전의 이야기들을 읽어보면, 그 누구도 혼자 일하지 않았음을 발견하게 된다. 혼자 일하기를 선호했던 베드로조차도 더는 아무것도 혼자 할 수 없었다. 그는 설교하러 일어설 때 '열한 사도와 함께' 섰다(행 2:14). 모든 사도가 그의 옆에 실제 섰다는 의미가 아니라, 그가 설교할 때 그들이 성령 안에서 그와 함께 서 있었다는 뜻이다.

우리가 자주 간과하는 또 다른 사건은 아마도 오순절 이후 교회의 삶에 일어난 가장 중요한 일, 바로 새로운 공동체가 오순절에 탄생했다는 사실일 것이다. 어쩌면 신약 시대의 가장 위대한 종이었던 바울은 빌립보 그리스도인들에게 다음의 과해 보이는 말을 하며 자신에게 공동체가 필요함을 보여주었다. "그러므로 나의 사랑하고 사모하는 형제들, 나의 기쁨이요 면류관인 사랑하는 자들아 이와 같이 주 안에 서라"(빌 4:1).

그리스도의 공동체는 초자연적이다. 훗날 사도 요한은 믿지 않는 자들을 그리스도 공동체에 들어오라 초청할 때 그들에게 "우리의 사귐은 아버지와 그의 아들 예수 그리스도와 더불어 누림이라"(요일 1:3)라고 말했다. 하나님은 가족, 곧 아버지와 아들, 그리고 성령이시다. 삼위일체의 세 위격은 하나이시다. 그들은 완벽한 연합 속에 서로를 이타적으로 사랑한다. 하나님은 아무도 혼자 살 수 없으며, 특히 하나님의 종들이 그렇다는 사실을 아신다. 그래서 그의 성령은 우리에게 세례를 주셔서 하나님의 사랑으로 다스림과 인도함을 받으며 그 사랑으로 넘쳐흐르는 새로운 공동체 안으로 우리를 들어오게 하신다. 그분은 그의 종들이 함께 살되, 그의 사랑이 우리 삶에서부터 열방을 치유하는 강처럼 흘러 나가게 하는 삶을 살도록 우리를 훈련 시키신다. 시편 기자는 이것을 가장 잘 표현한다. "보라 형제가 연합하여 동거함이 어찌 그리 선하고 아름다운고 … 헐몬의 이슬이 시온의 산들에 내림 같도다 거기서 여호와께서 복을 명령하셨나니 곧 영생이로다"(시 133:1, 3).

성령은 '친족이 아닌 자들'을 데려다 '친족', 곧 하나님의 가족으로 만드신다. 우리는 초자연적으로 서로 연결되어 있으며 우리의 머리는 예수님이다. 그리스도 공동체의 열쇠는 우리가 서로만 있는 가운데 만나는 것이 아니라 하나님이 계신 가운데 서로를 만난다는 사실이다! 우리 각자 안에 계신 하나님의 임재는 완전한 연합으로 우리를 끌고 들어가는 자석과도 같다. 하나님 자신이 우리 공동체의 머리이시다. 그는 우리가 가깝게 여기거나 함께 하기를 즐기는 사람들로만 공동체의 구성원을 제한할 특권을 우리에게 주지 않으신다. 만일 그가 최초의 제자들에게 누구와 삶을 함께할지 선택하게 허락하셨다면, 세리 마태는 성미가 급한 어부 베드로나 열심 당원 시몬을 절대 선택하지 않았을 것이다.

하나님의 공동체는 전 세계적이다

하나님은 이 땅에 있는 모든 나라와 민족, 그리고 모든 가족의 아버지이시다. 그의 공동체는 국제적이며 다 인종적이다. 성령 공동체의 아름다움은 모든 인종의 사람들이 한 가족으로 연합된다는 데 있다. 부유하고 가난한 그리스도인들이 서로 나누고 서로 가르치며, 높은 교육 수준의 그리스도인들과 교육받지 못한 그리스도인들이 함께 떡을 뗀다. 주님의 종들의 참된 공동체는 교단에 대한 자신들의 선호 사상을 자랑하는 교만을 떨지 않는다. 1978년에 나는 한국 대구의 파티마 병원에 있는 베네딕도회 수녀원을 방문하는 특권을 누렸다. 거기서 함께 기도했던 시간은 성령 안에 있는 공동체의 아름다움을 보여주었다. 수녀원장은 나를 따로 불러 이렇게 말했다. "오대원 목사님, 우리는 101명의 수녀로 이루어진 공동체입니다. 우리 중 100명은 예수 그리스도 안에서 거듭났고 성령세례를 받았습니다. 오직 한 자매님만 계속해서 성령 충만 받기를 거부하고 있습니다. 그 자매님을 위해 기도해 주세요." 101명의 수녀님과 함께 기도하며 한반도의 남과 북 모두에 성령을 쏟아부어 달라고 하나님께 구할 때, 한 수녀님이 짧은 예언적 말씀을 선포했다. "나의 길 안에서 걸으라. 내 생명 안으로 들어오라. 그러면 내가 네 주위에 생명이 꽃피게 하리라." 그다음엔 다른 수녀님이 나를 위해 이렇게 기도해 주었다. "주님, 가톨릭 신자들보다 장로교인들을 더 축복해 주옵소서!"

우리는 그리스도인이 될 때 그 즉시 세계의 모든 다른 그리스도인과 함께 결속된다. 당신이 만나는 모든 그리스도인이 그 인종과 민족, 교파적 유대, 그리고 경제적 지위나 정치적 입장과 관계없이, 당신의 형제, 자매, 어머니, 또는 아들딸이다. 하나님의 참된 종은 하나님의 공동체, 곧 교회의 전 세계적 연합을 기뻐한다. 그리스도가 그의 교회에 계신다. 그는 우리 각 사람 안에 계시며, 우리는 서로에게 그의 임재의 증인이 된다. 나는 때때로 잠시 멈추고, 내 삶에서 내게 그리스도의 임재가 되어준 증인들에게 감사를 드린다.

세계 역사상 분열이 우리의 문명을 파괴하는 위협이 되는 이 시기에, 세상을 변화시키는 하나님의 종이 되라는 그의 부르심에 응답한 우리는 공동체 안에서 함께 걸을 수 있고 세상에서 하나님의 목적을 이루기 위해 성령의 인도를 받을 수 있음에 기뻐한다.

그리스도의 공동체는 유기적이다

예수원을 설립한 대천덕(R. A. Torrey III) 신부님은 공동체의 본질에 대해 가르친 훌륭한 교사였으며, 여러 해 동안 계속하여 내 눈을 열어 공동체가 가지는 신약의 의미를 이해하게 도와주셨다. 그는 항상 "공동체는 유기적입니다."라는 말로 시작하곤 하셨다. 교회는 조직이 아니며 어떤 운동이나 교단이나 건물도 아니다. 교회는 살아있는 유기체이며 살아있는 그리스도의 몸이다. 예수님은 "나는 포도나무요 너희는 가지이니 내 안에 거하라"라는 말로 그 뜻을 설명해 주셨다. 우리가 예수님 안에 거할 때 우리는 많은 열매를 맺을 것이다. 예수님과 우리의 관계는 유기적이며 살아있는 관계다. 우리는 그에게서 생명을 받고 그 생명은 세상으로 흘러 나간다. 오늘 우리가 할 핵심적인 질문은 우리가 그 안에 거하는가이다. 우리는 예수님의 지속적인 사랑 속에 거주하면서 그의 성령이 흘려보내시는 능력과 힘을 계속해서 받고 있는가?

사도 바울은 우리가 그리스도의 몸이라는 점을 되새겨 줌으로 이러한 유기적 관계를 설명했다. 그리스도는 머리이시며 우리는 모두 그 몸의 지체들이다. 우리는 몸이 자기 몸의 각 부분을 돌보듯이 서로를 돌봐야 한다. 몸의 한 지체가 고통을 받으면 우리도 고통을 받는다. 한 지체가 기뻐하면 우리는 그 사람과 함께 기뻐해야 한다. 우리는 하나님의 가족으로서 우리의 삶을 함께 나눈다. 사실, 이 두 가지 은유 다 현실을 묘사한다. 분열은 있을 수 없다. 이 은유의 핵심 질문은 '몸이 건강한가? 우리는 생명을 주는 성령의 공동체로 자라고 있는가?'이다. 나의 노르웨이 친구 프랑크 칼렙 얀센(Frank Caleb Jansen)은 외교관이자 사업가로 전 세계를 여행했다. 그는 가끔 어느 교회에 소속되어 있느냐는 질문을 받곤 했는데, 그의 대답은 늘 "아, 저는 BOC 멤버입니다."였다. 대부분은 BOC가 무엇인지 전혀 알지 못해도 더는 묻지 않았는데, 결국 한 청년이 그 의미를 묻자, 프랑크는 미소를 지으며 이렇게 대답했다. "나는 그리스도의 몸에 소속되어 있습니다(I am a member of the Body of Christ)."

신약 공동체는 '코이노니아'이다

하나님은 초대교회에 세우신 것과 동일한 종류의 공동체를 오늘도 원하신다. 코이노니아(koinonia) 또는 그 파생어에 해당하는 헬라어 단어는 신약에 60~62번 정도만 나온다. 이 작은 단어 하나에는 교제, 친밀함, 책임 있는 관계, 서로 책임을 묻는 관계, 나눔, 경제 협력 측면에서의 동료, 또는 동역자 등 많은 의미가 담겨 있다. 이 단어의 어근인 코이노스(koinos)는 '공동으로 가지다'라는 의미이다. 하지만 코이노니아(koinonia)의 기본적인 의미는 그 단어의 세 가지

기본 사용을 보고 요약할 수 있다.

사귐(communion) - 하나님과의 친밀함

앞에서 우리가 다루었던 종의 정의를 기억해 보자. 종은 하나님께 속했고, 하나님을 조건 없이 사랑하며, 절대적 순종으로 하나님의 권위 아래 서 있고, 그의 뜻을 행하기를 소원하는 사람이다. 성령의 코이노니아(koinonia)는 종이 그의 부르심에 참되게 살 수 있게 해 준다. 우리의 삶은 하나님과의 교통함으로 시작된다.

교회에서 널리 사용하는 축도가 고린도후서 13장 13절에 나온다. "주 예수 그리스도의 은혜와 하나님의 사랑과 성령의 교통하심이 너희 무리와 함께 있을지어다" 이 축도는 삼위 하나님 각 위의 속성을 잘 보여준다. 아들 예수님은 은혜, 곧 우리가 받아 마땅치 않은 하나님의 은총을 주신다. 아버지 하나님은 무조건적이고 제한이 없는 사랑이시다. 성령은 모든 그리스도인이 하나님과 교통할 수 있게 하여 친밀한 교제 가운데 그와 깊이 연결되게 하신다. 은혜와 사랑의 열매는 코이노니아(koinonia), 즉 하나님과의 교제 또는 사귐이다. 우리가 예배를 마치고 커피와 도넛, 또는 떡과 차를 즐기면서 친교를 나눌 때, 우리는 서로와의 교제나 사귐을 즐거워하는 것이다. 커피와 차는 사귐을 만들어내지 않는다. 단지 우리가 하나님과 함께, 그리고 서로가 함께 가진 유기적인 연합을 축하하는 맛있는 방법일 뿐이다. 마찬가지로 성찬에 참여할 때 우리는 떡과 포도나무 열매를 사용하여 하나님, 그리고 서로와의 연합을 축하한다.

예수 그리스도는 아기로 태어남으로써 인간과 동일시하셨을 때 공동체를 시작하셨다. "자녀들은 혈과 육에 속하였으매 그도 또한 같은 모양으로 혈과 육을 함께 지니심은[1] 죽음을 통하여 죽음의 세력을 잡은 자 곧 마귀를 멸하시며"(히 2:14).

히브리서 저자는 호된 시련을 겪어가던 그리스도인에게 서로를 굳건하게 하도록 서로서로 동역자(partners: koinonoi)로 동일시하기를 간청했다. 공동체는 같은 장소에서 함께 살거나 단순히 주어진 임무를 완수하기 위해 서로 협력함에 관한 것이 아니다. 공동체란 예수님이 완전한 사람이 됨으로써 우리와 동일시하신 것처럼 서로와 동일시하는 것이다(히 2:14). 함께 사는 우리 삶의 능력은 우리가 행복할 때뿐 아니라 외로움과 고통 속에서도 서로를 받아들임으로써 서로와 동일시하는 데 있다. 이 글을 쓰는 당시 전 세계는 치명적인 팬데믹을 겪었다. 그렇지만 세계에서 가장 큰 질병은 코비드 바이러스가 아니라 삶이 단절되어 생겨나는 외로움이다. 주님의 종인 우리는 어떤 직업에 종사하든지를 막론하고 외로움이 얼마나 치명적일 수 있는지 안다. 그리고 또한 외로움의 유일한 치료법은 주님과의 또 서로와의 친밀함을 누리면서 주님의 이름으로

---

[1] 메테스첸(meteschen) - 코이노니아(koinonia)의 유사 헬라어

서로를 환영하는 것임을 안다. 우리가 공동체에서 다른 성도들과 함께 삶을 나눌 때 성령은 우리의 외로움을 하나님과만 함께하는 홀로의 시간으로 변화시킴으로써 우리에게 힘을 주신다. 우리는 예수님을 우리의 외로움 속으로 초청하고, 그가 우리의 외로움 속에 항상 우리와 함께하심을 발견한다. 우리는 외로울지언정 결코 혼자가 아니다. 예수님은 우리의 외로움을 나눠 가지시며, 그것을 견디어 이겨낼 힘을 주신다. 이것이 코이노니아(koinonia) 공동체의 핵심이다.

관계 - 나눔과 책임

책임은 공동체의 특징이다. 우리는 하나님의 종으로서 하나님께 책임을 진다. 우리는 순종으로 우리의 책임을 다하고, 그의 뜻 행하기를 기뻐한다. 함께하는 우리의 삶에서 성령은 공동체를 사용해 우리를 그리스도께 더 가까이 데려가며, 우리가 그를 더 닮게 만든다. 신약 전체는 공동체의 이러한 측면에 대해 말한다. 신약성경은 우리 각자에게 깊이 역사하는 개인적인 방식으로 말하지만, 또한 하나님의 공동체인 그리스도의 몸을 향한 공동의 책이다.

종은 영적인 것들을 공유한다. 사도행전 2장 42~47절과 4장 32~37절은 공동체의 모든 구성원이 사도들의 가르침을 함께 받았고, 기도 생활을 서로 함께했으며, 성만찬에 함께 참여했다고 보여준다. 그들은 서로 말씀을 나누었고, 기쁨으로 함께 예배했다. 이러한 깊은 영성은 그들에게 자기들 삶 전체를 서로와 나누려는 소원과 그렇게 할 능력을 주었고, 그래서 그들 주변의 모든 불신자가 "보라, 이 그리스도인들이 얼마나 서로를 사랑하는지!"라고 말하게끔 했다.

우리는 언약의 공동체이다. 하나님의 언약이란, 하나님이 그의 백성에 대해 완전하고 전폭적인 책임을 지며, 그에 대한 반응으로 우리는 그에게 순종하고 그가 이끄시는 곳 어디든지 따라간다는 뜻이다. 하나님은 그의 종들, 곧 하나님의 백성들이 서로와도 동일한 언약 관계 안에 살기를 원하신다. 신약에 나오는 그리스도의 공동체의 두드러진 특징은 그 구성원들의 서로에 대한, 그리고 서로를 위한 책임이었다. 그들은 영적으로, 또 사회적으로 책임을 졌다. 그들은 서로의 도덕적 삶을 돌아보았다. 한 사람이 슬픔이나 우울함에 빠져 있으면 서로를 책임져 주었다. '그중에 가난한 사람이 없을'(행 4:34) 정도로 서로를 위한 경제적인 책임을 나누기도 했다. 가난한 사람이 교회의 구성원이 되지 못했다는 뜻이 아니라, 믿는 자들이 모든 것을 공유했기에 교회 안에 가난한 자가 없었다는 뜻이다. 그들의 관계는 하루하루 책임을 다하는 관계였다.

책임 있는 관계를 맺기 위해서는 공동체 구성원들이 그중 각 사람에게 책임을 물을 수 있어야 한다. 상호 책임(accountability)이란 내가 나의 공동체 다른 구성원에게 내 삶에 관여해 말할 권리를 주고, 내가 낙담할 때 나를 격려할 권리를 준다는 뜻이다. 다른 사람의 위로 없이 혼자 있고 싶을 때도 그들이 나를 위로하게 허용한다는 뜻이다. 길을 잘못 갈 때 그들이 나를 징계하도록 허락하는 것이다. 책임 있게 산다는 것은 빛 가운데 행하고, 우리가 어둠 가운데 걸었다면 죄를 자백하며, 용서하고 용서를 받는다는 뜻이다.

다른 주님의 종들과 서로 책임지는 관계 속에 살기로 결정하기 위해서는 많은 대가 지급이 필요하다. 지나치게 사적이고 독립적인 우리의 생활 방식에 어긋나기 때문이다. 그러나 이것은 우리 삶의 전환점이 될 수 있다. 우리는 필요할 때만 다른 사람의 도움을 구하는 개개인으로서가 아니라 팀으로서 사역하기 시작한다.

서로 책임을 지고 서로 나누는 것은 여전히 대부분 교회와 선교 단체들 안에 머물러 있는 경쟁의 영을 제거하는 능력이다. 1998년에 우리가 살았던 뉴욕 시티에 봄꽃들이 피어나기 시작할 무렵, 나는 예기치 못한 장소에서 코이노니아(koinonia)가 피어남을 발견했다. 온 세상이 유명한 첼리스트 요요마(Yo-Yo Ma)를 알고 있지만, 그와 동등하게 재능이 있던 그의 누나 여우청 마(Dr. Yeou-Cheng Ma)는 아마도 널리 알려지지 않았을 것이다. 여우청 마는 어릴 때 바이올린 신동이었지만, 훗날 브롱크스에 있는 알버트 아인슈타인 의과대학(Albert Einstein College of Medicine)에서 발달 소아과 의사가 되었다. 1998년 3월 11일자 뉴욕 타임즈(New York Times)에는 4세에서 18세 사이의 음악가들을 위한 훈련장인 어린이 오케스트라 소사이어티(Children's Orchestra Society)에 대한 통찰력 있는 기사가 실렸다.

이 오케스트라는 빈부에 상관없이 재능 있는 모든 학생이 참여하도록 1년에 불과 450달러의 학비만을 받았다(1998년에). 이 소사이어티는 1962년에 그녀의 아버지가 세웠고 닥터 마(Dr. Ma)와 그 남편 마이클 다다프(Michael Dadap)가 운영했다.[2]

이 오케스트라 소사이어티의 특별한 점은 어린이들이 지지를 받는 환경에서 양육될 때 잘 학습해서 최고 수준의 음악적 재능을 개발시킬 수 있는 타고난 능력을 갖췄다는 확고한 믿음이다. 닥터 마(Dr. Ma)는 자신도 어린 시절 음악계에서 '냉혹할 정도의 경쟁'을 경험했다고 말하면서, 자신은 그런 감정들을 치유 받았고 이제는 아이들이 경쟁을 공연의 목표가 아니라 배움의 도구로 사용할 수 있게 돕는다고 했다.

이 훈련 프로그램 중 한 행사는 공동체에서 서로 나누며 책임을 감당하는 주제를 아름답게 그려낸다. 그 당시 오케스트라는 매년 협주곡 콩쿠르를 개최했다. 닥터 마(Dr. Ma)에 따르면 우승자는 '훌륭한 음악적 시민의식을 보여야 하고, 팀으로 일할 줄 알며, 출석률이 좋아야' 했다. 외부 심사위원들은 일곱 살에 이 프로그램에 합류했던 열네 살 난 일본계 미국 바이올리니스트 유미 사구치(Yumi Saguchi)를 우승자로 선정했다. 그녀는 2년 전에도 우승을 했었고, 그 영예가 다시 주어지자 다른 학생에게 상을 양보했다! 심사위원

---

2 www.childrensorch.org

들은 다른 우승자를 선정해야만 했다! 모두가 이런 나눔의 정신에 충격을 받았고, 이 나눔의 정신은 어린 연주자들 사이에 '전염되어 가는 능력 부여'를 일으켜서 "런던 심포니가 왜 필요한가요? 우리 스스로 할 수 있는데요!"라는 말이 그들 사이에 돌았다.

게리의 찬송가를 아름답고 힘차게 연주함으로써 이 책에 크게 이바지한 음악가 이현미는 한때 그 오케스트라의 보조 음악 감독으로 활동했고, 여름 마스터 클래스 프로그램을 이끌기도 했다.

행동으로 옮겨진 코이노니아(koinonia)는 치유, 파괴적인 경쟁 없는 탁월함, 서로를 돌봄, 서로 책임을 짐, 또는 히브리서 기자의 말을 인용한다면 '사랑과 선행을 격려하는 것'이다. 그렇다. 공동체, 곧 서로 삶을 나누고 책임을 지며 다른 사람과 함께 사는 모습인 공동체는 세상을 변화시킬 수 있다! 어쩌면 지금 잠시 읽기를 멈추고 누군가를 찾아 '친교(koinonia)의 악수'를 나누면 좋을지 모르겠다. 바울, 베드로, 야고보, 그리고 요한은 바울이 계속해서 비 유대권 세계에 복음을 증거하게 축복하면서 서로에게 이와 같은 '친교(koinonias)의 악수'를 나누었다(갈 2:9).

동역자 관계 – 세상을 향한 사명

예수님은 어부였던 두 형제를 부르셨다. 그의 약속은 "나를 따라오라 내가 너희를 사람을 낚는 어부가 되게 하리라"(마 4:19)였다. 그들은 어업에 종사하는 동업자였으며, 예수님은 이 사업적 동역자 관계를 영적, 선교적 동역으로 변화시키면서도 그들이 어업에서 동역하며 따르던 기본 원칙들을 유지하셨다. 이 두 제자는 하나님 나라를 선포하는 일을 예수님과 함께하기 시작했다. 이것이 행동으로 옮겨진 코이노니아(koinonia)이다! 그리스도인의 공동체는 정지돼 있지 않고 역동적이며, 항상 앞으로 나아가고, 그리스도의 사역에 참여한다. 예수님이 자신을 따르는 모든 사람이 아버지께 순종함으로 그가 하신 것과 같은 일을 하리라고 약속하지 않으셨는가?(요 14:12~14). 바울은 빌립보 그리스도인으로 인해 하나님께 감사했고, 그들이 '첫날부터 이제까지 복음을 위한 일에 참여(koinonia)해 왔기' 때문에(빌 1:5) 그들을 위해 기쁨으로 기도한다고 말했다. 그는 디도에 대해서도 나의 동료(koinonos)요 하나님 나라에서 동역자라고 했다.

자기 자신의 구성원 이상으로 확장하지 않는 공동체들은 살아남을 수 없다. 우리는 우리 자신 이상으로 가야 하며 그렇지 않으면 우리 자신과 살아갈 수 없다. 이것이 세상을 향한 선교에 참여하지 않는 교회들이 힘이 없는 이유다. 성령의 가장 큰 선물 중 하나는 우리가 우리 자신 이상으로 가도록 강권하여 온 세상으로 하나님 나라를 확장하는 일에 헌신하게 하는 것이다.

종의 공동체의 삶에서의 하루

우리는 하나님이 우리에게 주시는 각 날을, 하나님이 우리 삶에 무엇을 행하실지 그리고 세상을 축복하기 위해 우리를 어떻게 사용하실지에 대한 기대와 큰 기쁨으로 살아야 한다. 디트리히 본회퍼(Dietrich Bonhoeffer)는 그가 쓴 공동체에 관한 귀중한 책「더불어 사는 삶(Life Together)」에서 우리는 하루를 하나님과 홀로 있는 시간으로 시작해야 하고, 그다음에는 다른 사람들과 우리의 날을 나누어야 하며, 마지막으로 함께 세상을 섬겨야 한다고 말한다.

• **혼자 시작하는 하루** : 하나님의 종으로서 우리 각 사람은 하나님과만 홀로 있는 시간을 보냄으로써 하루를 시작해야 한다. 하루의 일과가 바빠지기 전, 아침이 좋지만 자신에게 가장 적합한 시간을 선택하면 된다. 하나님은 우리에게 그의 지성소(히 4:14~16)에서 그를 만나라고 초대하시며 거기서 우리는 죄에 대한 긍휼과 용서를 받고 새 하루를 시작할 은혜를 받는다. 예레미야는 "여호와의 인자와 긍휼이 무궁하시므로 우리가 진멸되지 아니함이니이다 이것들이 아침마다 새로우니 주의 성실하심이 크시도소이다"(애 3:22~23)라고 말한다.

시간을 내어 성경을 어느 정도 읽고, 그다음에 한두 구절을 묵상하면서 하나님이 말씀하시게 하라. 시편은 '오늘의 만나'와 같아서 하나님은 광야에서 그의 백성에게 만나를 먹이셨던 것처럼 그의 말씀을 당신에게 먹이실 것이며, 특히 시편을 통해 먹이실 것이다. 기억하라. 성령은 그 하루를 위해 당신을 굳건히 준비시키려고 하나님의 말씀의 씨앗을 당신 내면 깊숙한 곳에 심고 계신다. 그다음에 잠시 기도하며 주님이 주신 축복에 대해 그에게 항상 감사하고 찬송하라. 당신 자신의 필요를 위해, 그다음에 다른 사람들의 필요를 위해 기도하라.

• **다른 사람과 함께 하는 하루** : 하나님과만 홀로 있었던 시간에 그가 하신 말씀을 다른 사람과 나누라. 서로의 이야기를 들으라. 당신의 소망과 슬픔을 나누라. 자신을 다른 사람에게 열어 서로의 짐을 지라. 사랑과 선행으로 서로 격려해야 함을 기억하라. 가능할 때면 함께 예배드리라.

주님이 주신 이날에 당신 공동체의 다른 구성원들을 섬길 방법들을 찾아보라. 무엇보다 함께 경축하라! 한 지혜로운 자가 "경축할 이유가 없다면 하나를 만들어라!"라고 말한 적이 있다.

하나님이 그의 종들의 공동체를 기뻐하신다는 사실을 절대 잊지 말라! 하나님은 그를 경외하는 자들이 서로 이야기할 때 들으신다! "나는 내가 정한 날에 그들을 나의 특별한 소유로 삼을 것이요 … 내 이름을 경외하는 너희에게는 공의로운 해가 떠올라서 치료하는 광선을 비추리니 너희가 나가서 외양간에서 나온 송아지 같이 뛰리라 또 너희가 악인을 밟을 것이니 … 내가 정한 날에 너희 발바닥 밑에 재와 같으리라"(말 3:8~4:3). 하나님이 그의 종들의 공동체를 기뻐하신다는 사실을 기억하라! 하나님은 그를 경외하는 자들이 서로 이야기할 때 들으신다!

• **세상 속에서의 하루** : 만일 당신이 많은 사람이 있는 세상으로 갈

수 없다면 기도로 그렇게 하라. 다른 사람들을 위해 중보하며 가깝고 먼 곳 어디든지 다 갈 수 있다. 화평하게 하는 자, 곧 고통이 있는 곳에 화해와 치유를 가져다주는 자로서 세상에 들어갈 길을 찾으라. 당신의 말과 당신의 삶을 통해 생명의 복음을 선포하라. 그리고 세상의 정의를 위해 일하라.

묵상과 예배를 위한 찬송

Holy Communion 거룩한 사귐 / koinonia 코이노니아(κοινωνία)

(요 13:1~20, 31~35; 행 2:42; 고전 10:16; 11:17~34; 빌 1:5; 히 13:16; 벧후 2:12; 요일 4:7~10; 유 12)

후렴 :
가져다 먹으라, 너희 각 사람아
이것은 너희를 위한 내 몸이니 (눅 22:19)
가져다 마시라, 너희 각 사람아
이것은 너희를 위해 쏟은 내 피이니 (눅 22:20)

사랑하는 친구여, 우리가 서로 사랑하자 (요일 4:7)
사랑은 하나님께 속한 것이니
사랑하는 자마다 하나님께로 나서 진정 하나님을 아노라
하나님은 사랑이시니 사랑하지 않는 자는 하나님을 모르노라 (요일 4:8)

하나님의 사랑이 이렇게 나타났으니 (요일 4:9)
하나님이 독생자를 보내사 우리가 그를 통해 살게 하려 함이라
사랑이 여기 있으니 우리가 하나님을 사랑한 것이 아니요 (요일 4:10)
하나님이 그 아들을 보내어 우리 죄를 대속하심이라

나는 어찌할지 모르노라
먼저 당신을 알아야만 하니
내가 당신을 알아야 마땅한 대로 당신을 알지 못함을 내가 아노니
내 마음이
주님을 모르던 그들의 마음처럼 타고 있다
그가 떡을 떼셔서
그래서 그 안에 그들이 그를 아는 것처럼

제 마음이 여기 있사오니
주님, 당신의 마음으로부터 날 채워 주소서
제 사람 모두에게 당신의 성찬의 거룩한 잔으로서
제 마음을 내어줄 수 있도록,
당신의 몸인 우리가 늘 서게 하소서, 이 믿음 안에

후렴 :
가져다 먹으라, 너희 각 사람아
이것은 너희를 위한 내 몸이니 (눅 22:19)
가져다 마시라, 너희 각 사람아
이것은 너희를 위해 쏟은 내 피이니 (눅 22:20)

서로를 향한 우리의 코이노니아가 우리가 우리 주 예수와 나누는 코이노니아를 반영할 수 있기를.

"사랑하는 자들아 우리가 서로 사랑하자 사랑은 하나님께 속한 것이니 사랑하는 자마다 하나님으로부터 나서 하나님을 알고 사랑하지 아니하는 자는 하나님을 알지 못하나니 이는 하나님은 사랑이심이라 하나님의 사랑이 우리에게 이렇게 나타난 바 되었으니 하나님이 자기의 독생자를 세상에 보내심은 그로 말미암아 우리를 살리려 하심이라 사랑은 여기 있으니 우리가 하나님을 사랑한 것이 아니요 하나님이 우리를 사랑하사 우리 죄를 속하기 위하여 화목제물로 그 아들을 보내셨음이라 사랑하는 자들아 하나님이 이같이 우리를 사랑하셨은즉 우리도 서로 사랑하는 것이 마땅하도다 어느 때나 하나님을 본 사람이 없으되 만일 우리가 서로 사랑하면 하나님이 우리 안에 거하시고 그의 사랑이 우리 안에 온전히 이루어지느니라"(요일 4:7~12)

"너희가 이 떡을 먹으며 이 잔을 마실 때마다 주의 죽으심을 그가 오실 때까지 전하는 것이니라"(고전 11:26)

*마지막 두 절은 조지 맥도날드(George MacDonald)의 잃어버린 영혼의 일기(A Diary of Lost Souls), 11월 20일과 6월 1일 내용에서 차용되었다.

제 10장

숨겨진 종

&

이는 너희가 죽었고
너희 생명이 그리스도와 함께 하나님 안에 감추어졌음이라
(골로새서 3:3)

선지자 엘리야가 숨겨진 동안 배운 가장 중요한 교훈은 하나님의 때였다. 하나님은 결코 너무 빠르지도, 너무 늦지도 않으신다. 그는 엘리야가 아합왕과 맞서도록 그가 준비하신 정확한 때에 엘리야가 사역하게 허락하셨다.

우리는 베드로전서 5장 6절 "그러므로 하나님의 능하신 손 아래에서 겸손하라 때가 되면 너희를 높이시리라"라는 말씀에 순종함으로써 시작할 수 있다. 때가 너무나 중요하다. 하나님이 가장 많은 열매를 맺기 위해 우리를 사용할 적시라고 결정하시는 때에 우리는 준비돼 있어야 한다.

종들의 공통적인 연약함은 주님이 맡기신 일을 완수하기 위해

과도하게 바빠지려는 유혹이다. 시간은 너무 빨리 가고 해야 할 일은 너무 많다. 한번은 수많은 무리가 오고 음식 먹을 겨를조차 없던 때에 예수님이 제자들 가운데서 유사한 동요와 초조함을 느끼고 이렇게 말씀하셨다. "너희는 따로 한적한 곳에 가서 잠깐 쉬어라"(막 6:31) 우리는 제자들이 "선생님은 우리가 더 열심히 일해야 하는 지금, 도대체 우리에게 쉴 시간이 있다고 생각하시는 걸까? 이 무리에게서 절대 숨을 수도 없는데 말이야."라고 서로 투덜거리는 소리를 들을 수 있다. 게다가 그들이 배를 타고 예수님과 함께 한적한 곳으로 갔을 때는 심지어 더 큰 무리가 거기서 그들을 기다리고 있었다. 아마도 제자 중 누군가는 "지친 자들에게 쉼이란 없구나"라고 중얼거렸을 것이다.

예수님은 결코 사람들을 피하기 위한 수단으로 안식을 찾지 않으셨다. 도리어 큰 무리를 보시고 '목자 없는 양 같음으로 인하여' 그들을 불쌍히 여기셨다(막 6:34). 육체의 안식이 중요하고 우리가 지친 몸을 쉬게 할 시간을 가져야만 하긴 하지만, 예수님이 제자들에게 육체의 안식에 대해서만 말하고 계신 건 아니었다. 그는 단지 제자들에게 집으로 돌아오라고 말하고 계실 뿐이었다.

그렇다면 이 분주한 제자들을 위한 집은 어디였는가? 오늘날 하나님의 바쁜 종들을 위한 집은 어디인가? 우리는 그 답을 안다. "너희가 죽었고 너희 생명이 그리스도와 함께 하나님 안에 감추어졌음이라"(골 3:3). 숨겨짐이 곧 그리스도인의 집이다.

제 10장 숨겨진 종

숨겨짐의 능력

그리스도인의 역설 가운데 하나가 여기 있다. 그 역설을 바울은 이렇게 설명한다. 우리는 죽었으나 생생하게 살아 있다. 우리는 죄에 대해 죽었고 '세상의 악의 영들'에 대해 죽었으며, 이는 죄가 우리를 다스리지 못하게 하기 위함이다(롬 6:1~7; 골 3:3). 우리의 삶은 그리스도와 함께 하나님 안에 숨겨져 있다. 천국이 이미 여기에 있다!

"지존자의 은밀한 곳에 거하는 자는 전능하신 자의 그늘 아래 거하리로다"(시 91:1, 개역한글). 하나님 자신이 모든 세대에 거쳐 늘 우리의 거처였다(시 90:1). '지존자의 은밀한 곳'이 바로 모든 사역이 태어나는 곳이다. 이곳이 바로 그리스도가 그의 성령의 능력으로 우리 안에서, 그리고 우리를 통해 일하시는 곳이다.

이사야는 고난받는 종의 두 번째 노래(사 49:1~7)에서 이 숨겨짐의 능력에 대해 말한다. 숨겨짐은 하나님이 그의 종들에게 주시는 선물 중 하나다. "내 입을 날카로운 칼 같이 만드시고 나를 그의 손 그늘에 숨기시며 나를 갈고 닦은 화살로 만드사 그의 화살통에 감추시고" 하나님 안에 숨는 것, 또는 하나님 안에 숨겨지는 것은 수동적이지 않다. 그곳은 오히려 종에게 가장 역동적인 자리이다. 이곳이 바로 모든 사역이 태어나는 곳이기 때문이다. 하나님이 우리를 숨기실 때 무슨 일이 일어나는가? 성경을 살펴봄으로써 하나님이 그의 많은 종을 어떻게 숨기셨는지 보고 그들을 숨기신 이유를 이해하면, 좀 더 온전히 이해하게 될 것이다.

숨겨짐 속에 안식 찾기

예수님이 제자들에게 따로 한적한 곳에 가서 잠시 쉬라고 말씀하셨을 때, 그는 모든 사역이 하나님 안에 안식함으로 시작한다는 사실을 가르치고 계셨다. 히브리서는 우리가 '하나님을 위해' 일하기를 멈추고 하나님이 그의 성령의 능력으로 우리를 통해 일하시게 허용함으로써 하나님의 임재 안에 안식한다고 설명한다(히 4). 사도 바울은 자신의 집이 어디에 있는지 알았고, 그래서 "내가 모든 사도보다 더 많이 수고하였으나 내가 한 것이 아니요 오직 나와 함께 하신 하나님의 은혜로라"(고전 15:10)라고 고백할 수 있었다. 종들은 열심히 일하고 육체적, 정서적, 심지어 지적으로도 지치게 되지만, 우리는 성령이 우리를 통해 일하시기를 거부함으로써 영적으로 지쳐서는 안 된다. 지쳐 소진될 때까지 열심히 일한 종들이 많이 있으며 이사야 49장에 나오는 종도 그러했다. 네 개의 고난받는 종의 노래는 종이신 예수 그리스도를 가리킨다. 하지만 하나님은 온 이스라엘을 세상을 축복할 그의 종으로 부르고 계셨다. 이 종들은 오늘날 많은 그리스도인이 불평하는 것처럼 "내가 헛되이 수고하였으며 무익하게 공연히 내 힘을 다하였다"(사 49:4)라고 불평하고 있었다. 예수님은 당신의 모든 종에게 하던 일을 잠시 멈추고 그가 우리의 힘이 되시도록 우리가 허용할 수 있을 때까지, 그리고 우리가 우리 삶이 그리스도와 함께 하나님 안에 숨겨져 있음을 기뻐할 수 있을 때까지 한동안 안식하라고 부르신다.

숨겨짐 속에 말씀으로 능력 받기

숨겨짐 속에 안식을 찾을 때 우리는 또한 적을 물리칠 가장 큰 무기이자 하나님이 우리에게 주신 일을 완수하기 위한 도구를 발견하게 된다. 하나님은 종들에게 세상에 선포할 말씀, 곧 굳어진 마음을 찌르는 날카로운 칼과 땅끝까지 날아갈 갈고 닦은 화살을 주셨다(사 49:2). 하나님이 말씀을 보내신 목적을 효과적으로 이루기 위해서는 우리가 말씀의 지배를 받을 때까지 말씀 안에 숨겨져 있어야 한다. 이사야는 이 말씀을 나중에 이사야 51장 16절에서 "내가 내 말을 네 입에 두고 내 손 그늘로 너를 덮었나니"라고 설명한다.

하나님의 말씀은 씨앗이다(눅 8:11). 하나님은 우리를 그의 말씀 속에 숨기시고 그의 영은 하나님의 말씀을 우리 속에 숨기신다. 씨앗은 캄캄한 흙에 심겨 숨어 있기를 좋아한다. 그렇지 않으면 새 생명을 가져오지 못한다. 마찬가지로 하나님의 말씀은 우리 생각이 하나님의 말씀으로 변화되고 빚어질 때까지 우리 마음속에 감춰져 있어야 한다. 그다음에는 말씀이 종의 삶에 많은 열매를 맺을 것이다.

씨앗이 생명을 낳기 위해서는 시간이 필요하고, 하나님의 말씀도 우리가 말씀에 순종하고 권위 있게 말씀을 선포하기 위해서는 우리 안에 머물러 있을 시간이 필요하다. 하나님께 당신을 그의 말씀 안에 숨겨 달라고 구하라. 당신이 특히 묵상하고 기도하는 마음으로 성경을 읽음으로써 '그리스도의 말씀이 (우리) 속에 풍성히 거하게'

할 때(골 3:16) 그가 그렇게 하실 것이다. 당신을 그의 말씀 안에 숨기시는 하나님의 목적은 당신의 생각을 새롭게 하여 당신의 생각이 당신 속에 거하시는 그의 진리로 말미암아 빚어짐으로써 당신을 변화시키기 위함이다. 당신은 말씀의 사람이 될 것이고, 하나님 말씀은 당신을 위로하고 굳건케 하며 지혜와 능력을 주실 것이다.

극심한 핍박을 통과하는 하나님의 종들은 그들이 고난 속에 살아남고 심지어 번성하게까지 해 준, 그들 속에 감춰진 하나님의 말씀의 능력을 거듭거듭 증언해 왔다. 중국 그리스도인들은 1950년 공산주의자들이 통치권을 쥐었을 때, 이미 그들 마음속에 숨겨진 특별한 말씀을 품고 있었다. 그들 중 많은 사람이 예레미야 17장 7~8절에 기록된 하나님의 약속을 이야기했다. "무릇 여호와를 의지하며 여호와를 의뢰하는 그 사람은 복을 받을 것이라 그는 물 가에 심어진 나무가 그 뿌리를 강변에 뻗치고 더위가 올지라도 두려워하지 아니하며 그 잎이 청청하며 가무는 해에도 걱정이 없고 결실이 그치지 아니함 같으리라" 중국 교회는 '가뭄의 때' 또는 핍박의 시기에 계속해서 열매를 맺었다. 고난받는 교회가 모두 이 진리를 증언해 왔다. 아무것도 하나님의 말씀을 막을 수 없다.

숨겨짐 속에 기뻐하기

성경에 언급된 두 명의 가장 위대한 종은 75세의 아브라함과 13~15세의 소녀 마리아이다. 아브라함은 하나님이 '내가 너로 큰 민족을 이루게'(창 12:2) 하리라고 약속하셨을 때 그를 믿었다. 아브라함은 상식에 어긋나는 신뢰를 했고 현상 유지의 틀을 떠나 하나님을 따랐다. 그는 '갈 바를 알지 못하고' 하나님께 무조건 순복했다. 그의 삶은 하나님 안에 숨겨져 있었다.

그런데 종이 했던 말 중 가장 귀중한 말은 바로 어린 마리아의 "주의 여종이오니 말씀대로 내게 이루어지이다"(눅 1:38)라는 말이었다. 천사의 말로 인해 마리아는 편치 않았으며 많이 외롭다고 느꼈을 테지만, 평정을 유지했다. 마리아와 아브라함은 둘 다, 종들만이 그렇게 할 수 있듯이 완전한 신뢰와 순복으로 반응했다. 마리아가 "그렇게 하겠습니다"가 아니라 수동태 동사를 써서 "말씀대로 내게 이루어지이다"라고 말했다. 하나님이 하실 모든 일에 자신을 단지 내어드림으로 반응했다는 이 사실에 주목해 보라. 동사는 수동형이었지만 마리아의 순종은 능동형이었다. 마리아는 하나님의 말씀이 자기 안에서 세상을 변화시킬 만큼 강력하게 일하시도록 허용하고 있었다.

얼마 지나지 않아서 마리아는 임신한 또 한 여인 엘리사벳을 방문해서 약 석 달 동안 '숨겨져' 있었다. 엘리사벳은 마리아에게 "네가 믿은즉 복이 있도다"라고 인사했다. 두 어머니가 숨겨져 있던 이 시기에 놀라운 일들이 일어났다. 요한은 모태에서 기뻐 뛰놀았고 그와 그의 어머니 둘 다 성령으로 충만해졌다! 숨겨짐은 그들에게 주님을 예배하는 특별하고 소중한 시간이었다.

마리아는 감동하여 찬양의 노래를 터뜨렸다. "내 영혼이 주를 찬양하며 내 마음이 하나님 내 구주를 기뻐하였음은 … 능하신 이가 큰 일을 내게 행하셨으니 그 이름이 거룩하시며"(눅 1:46~55)! 이 노래는 어린 마리아가 가졌던 하나님과의 친밀함, 그리고 하나님이 마리아를 그의 아들의 어머니가 되도록 준비시키기 위해 이미 그녀에게 주셨던 큰 지식과 지혜를 보여준다. 하나님이 당신에게 주님을 찬양하고 예배할 '숨겨짐의 시간'을 허락하신다면 축복이 아니겠는가?

숨겨짐 속에 일어나는 성품의 변화

하나님은 우리의 인간적인 능력이나 재능보다 우리 성품에 더 관심이 많으시다. 하나님은 새 나라를 설립하시기 위해 모세를 사용해 그의 백성을 애굽의 노예 생활에서 건져내셨지만, 광야에서 40년 동안 그를 숨기셔서 그의 교만을 뿌리 뽑고 그 대신 하나님의 아들 예수의 두 가지 성품인 겸손과 온유(하나님의 뜻에 완전히 순복함)로 교만을 대체하고 난 뒤에 모세를 사용하셨다. 모세는 자신이 가진 힘으로 자기 백성을 구해낼 준비가 되어 있었다. 그래서 하나님은 그가 비참하게, 또 완전히 실패하게 허락하셨고, 그다음에 그가 아무것도 아닌 자가 되도록 가르치셔서, 하나님이 그의 삶의 전부가 될 수 있게 하셨다. 모세는 자기 자신의 비전을 내려놓았을 때 하나님의 비전을 배웠다.

예수님은 베드로를 초대교회의 지도자로 선택하셨다. 물론 예수님은 베드로가 큰 교만과 자기 확신에 찬 사람이었음을 아셨다. 그러나 예수님은 베드로에게 겸손과 온유를 가르칠 계획을 품고 계셨다. 이 두 가지 성품은 우리가 하나님을 의지해야 함과 그의 뜻에 순종해야 함에 대한 온전한 진리를 가르쳐 주기 때문에 종에게 극도로 중요하다. 하나님은 어떻게 베드로에게 겸손과 온유를 불어넣으셨는가? 그가 흑암과 숨겨짐의 시간을 통과하게 하심으로써이다. 예수님은 사탄이 그를 "밀 까부르듯"(눅 22:31~34) 하게 허락하심으로써 그의 교만을 깨뜨리셔서, 그가 '형제들을 굳건케' 할 수 있는 성품을 가진 사람이 되게 하셨다.

숨겨짐을 통해 하나님이 성품의 변화를 이루어 내신 가장 분명한 예는 요셉이다. 하나님은 요셉을 13년간 숨기셨고, 그는 그중 많은 시간을 자기가 저지르지도 않은 범죄로 인해 애굽의 감옥에서 보냈다. 그러나 하나님은 그가 투옥돼 있는 동안 그의 성품을 형제들에 대한 복수와 경쟁을 찾는 사람에서 긍휼의 사람으로, 커다란 증오의 사람에서 큰 용서의 사람으로 변화시킴으로 그를 축복하셨다. 요셉이 하나님의 훈련에 순복한 뒤 하나님은 그에게 더 큰 지식과 지혜를 부어 주셨고, 높은 지위로 올리셨으며, 애굽 및 다른 나라들을 굶주림에서 건져내는 데 사용하셨다. 그리고 그는 깨어진 자신의 가족에 연합과 온전함을 가져왔다.

하나님의 모든 종은 그분께 쓸모 있기를 소원한다. 그러나 먼저 우리에게 있는 교만과 스스로 충족하다는 인간적 생각이 깨어져야 한다. 우리는 오직 그분 안에서만 온전하며, 우리를 하나님의 은혜와 자비 안에 숨기기 위해 오시는 성령님을 환영한다. 패니 크로스비(Fanny Crosby)는 자신이 쓴 찬송가에서 이 면을 잘 표현했다.

오 놀라운 구세주 예수 내 주
내 모든 짐 벗기시네
죄악에서 날 끌어 올리시며
또 나에게 힘 주시네

후렴
메마른 땅을 종일 걸어가도
나 피곤치 아니하며
저 위험한 곳 내가 이를 때면
큰 바위에 숨기시고
주 손으로 덮으시네
주 손으로 덮으시네

숨겨짐 속에 하나님의 원칙 배우기

하나님은 악한 아합왕의 통치 시기에 이스라엘이 국가적으로 큰 위기에 처했을 때 엘리야를 부르셨다. 그 위기는 아합이 바알 신을 숭배하는 시돈왕의 딸 이세벨과 결혼하면서 더 심각해졌다. 이세벨은 아합에게 여호와 하나님 대신 바알을 숭배하라고 설득했다. 곧 바알 숭배는 하나님을 섬기는 이스라엘의 삶의 체계를 무너뜨리려 위협하는 공공연한 전투적 세력이 되었다. 그때 엘리야가 등장한다! 그는 '하나님을 의식하는' 하나님의 사람이었으며, 큰 사명감을 가지고 자기 민족을 구원하는 위대한 일을 시작하려는 열정으로 가득했다. 그런데 하나님의 말씀이 엘리야에게 임했다. 하나님의 첫 번째 말씀은 "너는 여기서 떠나 동쪽으로 가서 요단 앞 그릿 시냇가에 숨으라"(왕상 17:3)였다. 하나님은 엘리야가 공적인 사역을 시작하게 허락하시기 전에 그를 숨기셨다. 이 숨겨짐의 시간에 하나님은 엘리야의 삶 가운데 어떻게 일하셨는가?

하나님은 엘리야를 보호하고 계셨다. 그런데 하나님이 하시는 또 다른 일이 있었다. 그는 엘리야에게 사역의 두 가지 기본 원칙, 곧 사역의 흐름과 하나님의 공급하심을 가르치고 계셨다.

우리는 사역의 균형, 또는 사역의 흐름을 배워야 한다. 우리는 하나님이 우리에게 주시는 권위를 가지고 믿음으로 담대하게 나가서 사역하지만, 그다음에는 집으로 다시 돌아와 주님의 임재 안으로 들어가야 한다. 우리는 안정 속에 있다. 참된 안정은 위험이 없는 상태가 아니라 우리 안에 계시는 하나님의 임재다. 사역의 흐름, 즉 물러날 때와 나아갈 때를 아는 것이 영적 권위, 그리고 사역에서의 능력의 비결이다. 종은 자신의 진정한 집이 하나님의 임재임을 안다.

엘리야가 배워야 했던 두 번째 원칙은 직간접적인 하나님의 공급하심이었다. 하나님은 그릿 시냇가에서 까마귀를 통해 그를 먹이심으로 엘리야의 필요를 직접 채워주셨다. 엘리야는 사역을 시작하며 하나님으로부터 이 표적이 필요했다. 하나님은 그를 돌보실 것이었다! 얼마 지나지 않아 하나님은 사르밧 과부를 통해 그의 필요를 간접적으로 공급하셨다(왕상 17:2~24). 그 과부는 선지자가 올 것이라는 환상이라곤 받지 못했었고, 따라서 엘리야가 그녀의 마지막 음식을 달라고 했을 때 분명히 충격을 받았을 것이다. 테레사 수녀(Mother Teresa)는 자기 주위의 가난한 사람들의 관대함에 대해 자주 말하곤 했었다. 그녀는 하나님이 종종 우리 주변에 가난하고 깨어지고 궁핍한 사람들을 두셔서 그들을 통해 우리의 필요를 채우신다고 말했다. 하나님이 우리의 필요를 어떻게 공급하시든 상관없이, 주님의 종은 매일 아침 하나님의 공급하심과 돌보심에 대해 감사와 찬양을 드리며 일어난다.

3년 후, 하나님은 엘리야에게 "너는 가서 아합에게 보이라"(왕상 18:1)고 하셨다. 아합왕은 이제 엘리야가 그동안 하나님의 임재 안에 있었음을 알게 될 것이었다. 고난받는 종의 두 번째 노래는 이사야 49장 7절에서 이에 대해 노래한다. "이스라엘의 구속자 이스라엘의 거룩한 이이신 여호와께서 사람에게 멸시를 당하는 자, 백성에게 미움을 받는 자, 관원들에게 종이 된 자에게 이같이 이르시되 왕들이 보고 일어서며 고관들이 경배하리니 이는 이스라엘의 거룩하신 이 신실하신 여호와 그가 너를 택하였음이니라"

엘리야는 아합왕을 만나러 가는 도중에 놀라운 발견을 했다. 또 다른 하나님의 종 오바댜를 만난 것이다! 하나님은 이 믿는 자를 왕궁에 숨겨 두셨었고, 왕궁의 모든 일을 다스리는 권세까지 주셨었다. 오바댜는 실제로 주님의 선지자 백 명을 숨기고 먹여서 그들이 죽임을 당하지 않게 했다. 당신은 하나님의 종으로서 어디를 가든지, 심지어 믿는 자들이 학살을 당하는 땅에서도 하나님이 부흥을 위해 나라들을 준비시키려고 심어두신 이러한 '숨겨진 종들'을 만날지 모른다. 그러나 하나님이 그들을 숨기셨기 때문에 만나지 못할 가능성이 더 높다.

숨겨짐 속에 기도 배우기

하나님은 다른 많은 이유로 그의 종들을 숨기신다. 우리를 보호하기 위해, 아프고 허약할 때 그의 치유의 사랑으로 우리를 품기 위해, 우리가 이겨낼 수 없었던 죄로부터 우리를 깨끗하게 하려고, 우리를 '말로 위로하고' 우리의 이전의 고통과 반역의 골짜기를 소망의 문으로 변화시킴으로써(호 2:14~15) 우리가 이전에 알지 못했던 하나님과의 친밀함을 경험하게 하도록 우리를 숨기신다. 당신은 주님의 종으로서 삶에서 이러한 축복들을 많이 경험하고, 숨겨짐의 시간을 감사하게 될 것이다. 그리고 다른 방법으로는 알게 되지 못했을, 그의 사랑의 높이와 깊이와 넓이와 길이를 발견할 것이다. 종종 하나님은 그의 종들을 새 사역으로 부르실 때 그들이 그의 뜻을 행하게 준비시키려고 그들을 숨기신다.

그런데 숨겨진 때에 하나님이 종종 주시거나 자라게 하시는 특별한 선물은 어떻게 기도하는지 가르치시는 선물이다. 강력한 중보기도의 종들 다수가 질병이나 다른 형태의 고난으로 인해 숨겨져 있는 동안 부르심과 기름 부음을 받았다. 소련의 감옥과 시베리아 강제노동 수용소에서 23년 동안 고난의 숨김을 통해 그 기도 생활이 아주 부요해졌던 한 주님의 종이 바로 그 경우다. 그의 이야기는 그의 책, 「나를 이끄시는 분(He Leadeth Me)」[1]에서 읽을 수 있다. 월터 취제크(Walter Ciszek, 1904~1984)은 폴란드계 미국인 예수회 사제였다.

그는 악명 높은 루비앙카 감옥(Lubianka prison)에서 그중 5년을 보냈는데, 하루 24시간을 철제 침대 외에는 가구 하나 없는 흰 벽의 작은 방에 갇혀 홀로 보냈다. 방을 떠나도록 허락된 시간은 20분의 운동 시간 한 번과 화장실에 가는 시간 두 번뿐이었다. 감옥에

---

1 Walter J. Ciszek, S. J.(월터 J.취제크), ***San Francisco***, Ignatius Press, 1995

서의 시간은 때로는 48시간 동안이나 이어졌던 심문 시간을 제외하고는 절대 침묵의 시간이었다. 절대 침묵은 많은 수감자를 완전한 절망과 무력감에 압도되어 미치게 했다. 취제크 신부는 살아남았지만, 시베리아 강제노동 수용소에서 15년간의 중노동을 연이어 선고받았다. 이 소금 광산 노동 수용소에 들어간 사람들 대부분은 살아 나오지 못했다. 그러나 그는 기적적으로 1963년에 포로 교환으로 석방되었다.

취제크 신부는 20년간의 숨겨진 세월이 그에게 '기도의 학교'가 되었음을 깨달았다. 주기도문이 그의 삶의 원천이 되었으며 그는 그 사실을 이렇게 묘사했다.

예수님은 우리를 하나님의 임재 안에 둠으로써 시작하신다. 하나님은 공허에서 만물을 창조하시고, 그들이 다시 공허함으로 돌아가지 못하게 유지하시며, 만물을 통치하고 하늘과 땅에 있는 모든 것을 그의 섭리하신 계획을 따라 다스리시는 전능한 하나님이시다. 그렇지만 전능한 바로 이 하나님이 또한 우리를 소중히 여기고 아들딸로 돌보시며, 인자함으로 우리 필요를 공급하시고, 지혜로 우리를 인도하시며, 해를 피하도록 날마다 우리를 지키시고, 먹을 것을 주시며, 우리가 탕자처럼 유산을 탕진했을 때 팔을 벌려 다시 우리를 받아 주시는 우리 아버지이시다. 아버지가 자식을 지키듯 그는 우리를 악에서부터 지키신다. 세상에 악이 존재하기 때문이다. 그리고 그는 아버지의 마음이 우리를 용서하시는 것처럼 우리도 그를 본받아 그의 다른 아들딸들이 어떤 잘못을 저질러도 그들을 용서하기를 기대하신다.

주기도문은 찬양과 감사의 기도, 청원과 배상의 기도이다 … 그것은 모든 때, 모든 경우를 위한 기도이다. 그것은 가장 단순하면서도 동시에 가장 심오한 기도이다 … 우리가 이 구절 하나하나를 일상 생활의 행동으로 옮길 수만 있다면, 우리는 하늘 아버지가 분명히 바라시는대로 정말로 완전할 것이다. 진정 주기도문은 모든 기도의 시작이자 끝이며, 다른 모든 형태의 기도의 열쇠이다.

우리가 하늘 아버지의 자녀임을 늘 인식하며 살 수 있다면, 그가 항상 우리를 보고 계시며 우리가 그의 창조 가운데 역할을 감당하고 있음을 늘 깨닫고 산다면, 그러면 우리의 모든 생각과 행동은 기도가 될 것이다 … 그리고 모든 참된 기도는 바로 여기, 자기 자신을 하나님의 임재 안에 두는 것에서 시작한다. (pp. 54~63)

그는 기도하는 것이 쉽지 않았다고 고백했다. "배고픔으로 약해지고, 오랜 시간 지속된 심문으로 지치고 고통스러우며, 의심 및 미래에 대해 점점 커지는 두려움으로 생각이 흩어지고, 끊임없는 분리와 외로움이 야기하는 불안에 압도된 상태에서, 나는 할 수 있는 한 최선을 다해, 그리고 할 수 있을 때, 하나님께로 향하는 법을 배워야 했다. 이 모든 일 뒤에 계시는 그분을 발견하고 찾기 위해 나는 초조한 침묵 속에서, 그리고 시련 한가운데서 하나님을 찾는 법을 배워야 했다. … 그리고 내 주위를 온통 둘러싼 것 같은 악으로부터 그가 끊임없이 아버지처럼 보호하시기를 매 순간 구하는 법을 배워야 했다." 그는 숨겨짐이 하나님의 벌이 아니라 오히려 하나님의 임재 안에서 기도가 새로워지는 기쁨이었음을 발견했다.

숨겨짐 속에 계시받기

하나님은 숨겨짐 속에서 그의 종들에게 당신 자신을 계시하신다. 하나님의 말씀 안에 숨겨진 사람들은 숨겨짐 속에서 성경 말씀 속에 계시 된 하나님의 진리를 더 깊이 이해한다고 증언한다. 주님과 깊은 교제의 시간을 통해 우리는 그를 더 온전히 알게 되고 더 특별히 사랑하게 된다. 그런데 밧모섬에서 로마 제국의 죄수로 숨겨진 동안 역사의 결말에 대한 계시를 하나님으로부터 실제 받은 '예수님의 사랑하시는 제자'라 알려진 한 사람이 있다. 성경의 마지막 책인 요한계시록은 예수 그리스도가 그의 천사를 통해 그에게 직접 주신 말씀이었다. 요한은 자신이 들은 모든 것을 기록했고, 오늘날 우리는 요한계시록을 가지게 되었다.

숨겨짐의 시간을 허비하지 말라. 하나님이 당신을 그의 말씀 속에 숨기게 허용하라. 아무것도 당신을 그리스도 예수 안에 있는 하나님의 사랑에서 끊을 수 없다는 하나님의 약속 안에서 위로를 얻어라. 하나님과 대화하는 관계를 유지하되 심지어 고난의 시간에도 그렇게 하라. 이것이 종의 삶의 중심이기 때문이다.

묵상과 예배를 위한 찬송

Follow Your Lord 너의 주를 따르라

(마 16:24; 눅 9:23)

나는 네 눈 너머로 네 생각 속을 본다
나는 네 마음을 본다, 네가 어디 있는지 안단다
네 기분이 어떤지 나는 안다
내가 네게 준 노래, 그 노래를 너는 버려 두었지
너무 오랜 날들을 나는 네 마음 밖에 있었다
그런데 이제, 네가 생각하기 시작했구나

후렴 :
나는 내 목숨을 버려 이 문을 열었단다
아들아, 딸아, 이제 와서 너의 보상을 청구하여라
아들아, 딸아, 이제 와서 너의 주를 따르라

네가 걷는 그 길, 난 거기 있어 봤단다
나는 유일한 길을 펼쳤고 그 문을 열었다
네가 나와 함께 올 수 있도록
내가 네게 준 십자가를 짊어지기만 하면,
믿음으로 한 발자국만 딛으면, 내가 너를 책임지리라
내가 네게 승리를 주리라

후렴 :
나는 내 목숨을 버려 이 문을 열었단다
아들아, 딸아, 이제 와서 너의 보상을 청구하여라
아들아, 딸아, 이제 와서 너의 주를 따르라

나는 이 노래를 1983년 M. Div.(목회학 석사)를 졸업하기 직전에 썼다. 내가 고등학생으로서 처음 그리스도인이 되었을 때, 하나님이 나를 전임 사역으로 부르신다고 느꼈다. 그래서 장래의 교육 및 개인적 궤도를 그 목표에 맞추었고 거의 그 목표를 달성했다. 아내와 내가 들인 모든 노력과 감수한 모든 희생 후 졸업을 앞두었을 때, 나는 이 여정을 시작하면서 가졌던 하나님을 향한 사랑과 열정이 흐려지고 식어 버렸음을 깨달았다. 내면의 공허함을 느꼈고, 하나님이나 교회나 다른 사람을 섬기기에 너무 합당치 못하다고 느꼈다.

여러 날 동안 괴로운 영혼의 추구와 성찰의 시간을 보내면서 이 노래 가사가 내게 왔다. 예수님은 그가 나를 철저히 다 알고 계시며 내가 할 일은 '십자가를 지고 내 주를 따르는' 것이라고 내게 말씀하셨다. 이 노래에서 '나'는 주 예수 그리스도이고, 그는 나에게 말씀하고 계신다. 나는 그분의 종이 되기에 합당하지 않았고, 결코 그런 적도 없고 앞으로도 그렇지 못할 것이다. 내 삶의 부르심은 내 힘과 노력으로 하나님을 위해 위대한 일을 하는 것이 아니라, 십자가에서 행하신 그의 일 안에 '숨겨져서' 단순히 그가 나를 위해 여시는 길을 따라가는 것이다.

신학대학원 졸업 후 아내와 나의 삶에는 오대원 목사님이 말한 '숨겨짐'의 시기가 많이 있었다. 우리는 졸업 후 2년 동안 잠시 멈추고, 전임 사역의 기회를 찾지 않고 파트타임 일자리로 돌아가 단지 매일 주님이 올바른 문을 열어 주시기를 기다리고 주님께 순종하며 사는 법을 배웠다. 2010년에 심각한 외상성 뇌 손상을 입게 되어 내 직책과 사역의 기반을 잃었을 때, 하나님은 동일한 진리, 곧 내가 부르심 받아 할 일은 오직 날마다 '내가 네게 준 저 십자가를 지고 너의 주를 따르라' 뿐이라는 진리를 가르치기 위해 나를 그에게로 '숨기셨다'.

또 무리에게 이르시되 "아무든지 나를 따라오려거든 자기를 부인하고 날마다 제 십자가를 지고 나를 따를 것이니라"(눅 9:23)

"누구든지 자기 십자가를 지고 나를 따르지 않는 자도 능히 내 제자가 되지 못하리라"(눅 14:27)

"또 자기 십자가를 지고 나를 따르지 않는 자도 내게 합당하지 아니하니라"(마 10:38)

이에 예수께서 제자들에게 이르시되 "누구든지 나를 따라오려거든 자기를 부인하고 자기 십자가를 지고 나를 따를 것이니라"(마 16:24)

제 11장
종의 사역의 역설

아무 것도 없는 자 같으나 모든 것을 가진 자로다

(고린도후서 6:10)

우리는 앞 장에서 종의 역설 중 하나인 숨겨짐에 관해 이야기했다. '삼위일체의 숨겨진 멤버'이신 성령님이 이 역설을 계시해 주신다. 예수님은 니고데모에게 "바람(pneuma (프뉴마), 숨, 바람 또는 영을 의미함)이 임의로 불매 네가 그 소리는 들어도 어디서 와서 어디로 가는지 알지 못하나니 성령으로 난 사람도 다 그러하니라"(요 3:8)라고 말씀하시며 이 진리를 표현하셨다. 성령은 보이지 않지만 새 생명을 가져온다. 오순절에도 성령은 보이지 않았다. 하지만 강한 바람과 불의 혀로 제자들에게 능력을 부어 주셔서 세상을 이기는 예수 그리스도의 복음을 선포하게 하셨다!

성경은 역설로 가득 차 있으며, 하나님의 종의 삶 또한 그렇다.

때로 당신 스스로 특히 더 약하고 공격받기 쉬운 상태라 느낄 때, 하나님이 당신을 통해 가장 강력하게 일하셨음을 의아해하지 않았는가? 어쩌면 당신은 무력감이 극에 달했을 때, 기도하던 중에 하나님께는 불가능이 없다는 확신으로 가득 차게 될지도 모른다. 그러면 당신은 산을 옮길 만한 믿음으로 일어난다.

그렇다. 사실이다. 가진 것이 아무것도 없지만, 우리는 모든 것을 가졌다. 슬프지만 우리는 기뻐한다. 다윗 왕은 종 된 지도자였는데, 처음 자기 주위에 사람들을 모으기 시작했을 때 가장 약한 자들을 선택했다. 나는 그들을 '3d'의 사람들이라고 부른다. 그들은 모두 환난(distress) 당한 자, 빚진(debt) 자, 그리고 마음이 원통한(discontentment) 자들이었다(삼상 22:2). 하지만 그들은 뛰어나게 강한 지도자로 성장했다. 다윗의 위대한 용사 중 하나인 잇대는 "사나 죽으나 종도 그 곳에 있겠나이다"(삼하 15:21)라고 말하기도 했다.

사도 바울은 고린도 그리스도인들에게 보내는 편지에서 하나님의 종의 역설에 대해 이렇게 말했다. "영광과 욕됨으로 그러했으며 악한 이름과 아름다운 이름으로 그러했느니라 우리는 속이는 자 같으나 참되고 무명한 자 같으나 유명한 자요 죽는 자 같으나 보라 우리가 살아 있고 징계를 받는 자 같으나 죽임을 당하지 아니하고 근심하는 자 같으나 항상 기뻐하고 가난한 자 같으나 많은 사람을 부요하게 하고 아무 것도 없는 자 같으나 모든 것을 가진 자로다"(고후 6:8~10). 이러한 역설들은 보이지 않지만 그를 사랑하는 모두가 볼 수 있는 하나님 자신에 대한 반영일 뿐이다. 시편 기자는 "정직한 자는 그의 얼굴을 뵈오리로다"(시 11:7)라는 말씀으로 우리를 위로한다. 사도 베드로는 오순절에 성령이 임하여 하나님을 나타내 보여주셨을 때 주님을 보았으며, 무리에게 말할 때 다윗 왕의 "내가 항상 내 앞에 계신 주를 뵈었음이여 나로 요동하지 않게 하기 위하여 그가 내 우편에 계시도다"(행 2:25)라는 말을 인용했다. 이 역설 중 몇 가지를 살펴보면서 주님의 종의 삶에 이들이 가진 능력을 발견해 보자.

보이지 않는 자 같으나 보이고

성령은 새 생명을 가져오기 위해 부드러운 바람처럼, 또는 오순절 강한 바람처럼 숨어서 일하신다. 그러나 그분은 그의 능력 안에서 걷는 모든 자에게 자신을 보이신다. 몇 년 전 우리는 놀라운 하나님의 종인 우리 친구 펀 노블(Fern Noble)과 이야기를 나누고 있었다. 그녀는 아메리카 원주민(First Nation)이었는데, 특히 백인들이 그녀가 상점에 걸어 들어갈 때 종종 그녀를 보지도 못한다는 사실에 관해 말했다. 원주민을 보지 않기로 선택하는 백인 문화가 지배적인 사회에서 그녀의 백성은 눈에 보이지 않는 듯하다. 나는 미국의 시인 수상자인 젊은 시인 아만다 골먼(Amanda Gorman)이 최근에 명예로운 수상을 받을 때 했던 말이 생각난다. 그녀는 혼자만 보이기를 거부한다고, 여전히 보이지 않는 채 사는 모든 젊은 흑인 여성들과 함께 보이기만을 바란다고 말했다.

　인종 문제만이 일부 사람들을 보이지 않는 존재로 남아있게 하는 유일한 원인은 아니다. 권력을 가진 사람들은 종종 힘없는 사람들을 보고 싶어 하지 않는다. 우리가 1980년, 광주의 수많은 젊은 이가 군대에 학살당한 날을 기념하는 추모일에 펀(Fern)과 함께 광주 사람들에게 말씀을 전하러 갔을 때 이 사실을 잘 알고 있었다. 고인들의 가족과 수많은 광주 시민은 하나님의 종이자 대사인 이 아메리카 원주민(Native American servant-ambassador)의 위로의 말씀을 듣기 위해 모였다. 그녀는 내가 할 수 없는 방식으로 그들의 고통에 공감했다. 펀(Fern)은 광주뿐 아니라 한반도의 남과 북 전체에 치유를 가져오기 위해 그들을 하나님의 '보이지 않는 종'으로 사용하실 하나님의 사랑과 능력에 대해 말씀을 전했다.

　우리는 공산주의 치하의 북한에서 탈출해서 많은 방법으로 한국을 축복하기 시작한 젊은이들과 함께 사역하면서, 하나님이 그의 종들에게 주신 '보이지 않으나 보이는' 존재됨의 능력을 다시 한번 보았다. 전 세계 선교사들은 하나님 나라의 복음으로 계속하여 나라들을 축복하면서 이러한 역설적 생활방식으로 살아간다.

　만일 당신이 주님의 종이 되는 이러한 위험한 특권을 선택한다면, 때로 하나님이 당신을 숨기실 것이다. 그는 너무 유명해지는 데 따르는 많은 유혹이나 다른 여러 위험으로부터 당신을 보호하기 위해 그렇게 하실지 모른다. 아니면 당신이 그의 아들의 형상으로 자라가게 하시려고 당신을 숨기실 수도 있다. 하지만 그는 당신을 크게 쓰실 것이고 그가 모든 영광을 받으실 것이다.

가난한 자 같으나 많은 사람을 부요하게 하고

사도 바울은 마게도냐 교회들에 대해 다음과 같이 말했는데, 그 교회 중 가장 잘 알려진 교회는 빌립보 교회였다. "형제들아 하나님께서 마게도냐 교회들에게 주신 은혜를 우리가 너희에게 알리노니 환난의 많은 시련 가운데서 그들의 넘치는 기쁨과 극심한 가난이 그들의 풍성한 연보를 넘치도록 하게 하였느니라"(고후 8:1~2). 연이어 그는 어떻게 그들이 궁핍한 다른 자들을 섬기는 일에 참여하는 특권을 위해 힘에 지나도록 나누어 주었는지 이야기했다.

바울은 계속해서 이 그리스도인들이 어떻게 그처럼 후히 베풀게 되었는가를 설명한다. "그것은 우리가 예상한 대로 일어나지 않았습니다. 도리어 그들은 먼저 자신을 주님께 온전히 드리고 난 뒤에 하나님이 임명하신 사역자들인 우리에게 헌신하였습니다"(고후 8:5, J. B. 필립스 번역). 그리고 이것이 그들에게 주신 약속이다. "곧 적게 심는 자는 적게 거두고 많이 심는 자는 많이 거둔다 하는 말이로다 … 하나님이 능히 모든 은혜를 너희에게 넘치게 하시나니 이는 너희로 모든 일에 항상 모든 것이 넉넉하여 모든 착한 일을 넘치게 하게 하려 하심이라"(고후 9:6~8).

베푸는 정신은 하나님의 종들 가운데서 볼 수 있는 핵심 덕목 중 하나다. 이것은 부유한지 가난한지의 문제가 아니라 마음의 문제다. 그리고 가난한 자들의 후히 베푸는 정신이 바로 역설이다. 나는 내가 가르치러 갔던 제자훈련학교의 한 젊은 인도네시아 학생에게서 이 은사를 발견했다. 그 주간 강의 마지막에 그 학생은 내게 봉투 하나를 조용히 내밀었다. 나는 자카르타 공항에서 집으로 돌아가는 비행기를 타러 떠나기 직전에 봉투를 열었는데, 가장 큰 재정적 어려움을 겪고 있는 그 학생이 돈을 선물로 주었음을 발견했다. 나는 그 돈을 돌려주려 했지만, 그 학생은 "이 특권을 빼앗아 가지 마세요."라는 답했을 뿐이었다. 그는 나중에 자신이 섬기는 사역에서 리더가 되었다.

시간을 들여 빌립보 성도들에게 보낸 바울의 짧은 편지를 묵상하면서 읽으면, '아무것도 없는 자 같으나 모든 것을 가졌다.'라는 이 역설이 어떻게 나라들을 향한 축복의 수문을 열어주는 중요한 열쇠가 되는지 발견하게 될 것이다. 선교사들에게 물어보라. 그들이 이 역설의 능력에 관해 이야기해 줄 것이다.

근심하는 자 같으나 항상 기뻐하고

고난받는 종의 노래 넷 중 마지막 노래가 이 역설을 소개한다. 이 것은 종이신 그리스도가 십자가에 달리심과 부활하심에 관한 노래다. 하나님은 "보라 내 종이 형통하리니 받들어 높이 들려서 지극히 존귀하게 되리라 … 그의 모양이 타인보다 상하였고 그의 모습이 사람들보다 상하였으므로 … 고운 모양도 없고 풍채도 없은즉 … 간고를 많이 겪었으며 질고를 아는 자라"(사 52:13~53:3)라는 말로 이 노래를 시작한다. 이사야가 먼저 부활에 대해 말하고 그다음에서야 십자가의 고난을 묘사했음은 중요하다. 우리는 '부활의 사람들'이며, 주님을 기뻐함이 우리의 힘이다. 우리는 그리스도와 함께 고난을 받고, 또한 그와 함께 기뻐한다.

모든 주님의 종들은 슬픔을 경험한다. 그들이 남들과 다른 점은 슬픔 중에도 기뻐한다는 점이다. 사도들은 여러 번 맞은 적이 있지만, 한번은 예수의 이름으로 말했다고 매를 맞았을 때 "그 이름을 위하여 능욕 받는 일에 합당한 자로 여기심을 기뻐하면서"(행 5:41) 자기 길을 갔다! 이런 이야기들은 수없이 많다. 바울과 실라는 한 젊은 여인을 귀신 들림에서 건져냈다는 이유로 무자비하게 매를 맞고 나서 족쇄에 매여 감옥의 가장 열악한 구역에 갇혔다. 그런데 한밤중에 바울과 실라가 찬미하면서 하나님을 크게 찬송하기 시작했을 때 모든 죄수와 간수들이 놀랐다! 하나님은 지진을 일으키셨고 옥문이 활짝 열렸다! 그리고 간수와 그의 가족이 구원을 받았다!

고난 중에 기뻐하는 능력이 여기 있다. 하나님은 그의 백성의 찬송 가운데 거하신다(시 22:3). 그는 우리의 찬양 가운데 좌정하신다. 아빌라의 성녀 테레사는 "기쁘지 않은 얼굴을 한 성도들에게서 우리를 건져 주소서, 오 주님!"이라고 기도한 적도 있다. 그런데 성경의 이야기들을 자세히 읽어보면 주님을 기뻐함에는 종종 '그럼에도 불구하고'라는 요소가 들어있음이 드러난다. 선지자 하박국은 그의 조국의 파멸이 코앞에 닥치고 어떤 밭에도 열매가 나지 않아 백성이 굶주리게 되었을 때, "비록(그럼에도 불구하고) … 나는 여호와로 말미암아 즐거워하며 나의 구원의 하나님으로 말미암아 기뻐하리로다"(합 3:17~18)라고 말했다! 성경 속 인물들이 말하기에는 좋은 소리이지만, 오늘날에도 이런 일이 일어나는가? 고통 속에서 기뻐함이 비현실적이라고 한다면, 어쩌면 고향 땅 북한에서 굶주림을 피해 도망갔지만 중국에서 성 노예로 팔렸다가 마침내 도착한 남한에서는 편견을 당하게 된 한 자매에게 이 질문을 해 보자. 이 자매는 묵상하는 법을 배우고 있었는데, 하박국의 이 두 절(3:17~18)을 잠시 묵상하는 숙제를 하고 있었다. 조용히 그 말씀을 읽다가 "그럼에도 불구하고 나는 여호와로 말미암아 즐거워하리로다!"라는 부분에 왔을 때 그녀는 깊은 상처를 느꼈고 혼란스러웠다. 그렇지만 계속 묵상을 하며 주님께 이해를 달라고 구했다. 그러자 주님이 나타나셔서 그가 그녀의 목자로서 그녀와 함께 걸어오고 계셨고, 그녀를 사랑하여 파멸에서 건져 주셨음을 이해할 수 있게 하셨다. 결국, 그 자매는 감동하여 하나님께 순종하기로 결단했다. "네, 주님은 나의 구원이십니다. 제가 큰 고통을 겪었지만 그럼에도 불구하고 당신을 기뻐할 것입니다." 이렇게 고백하는 순간 그 자매는 절망과 증오의 속박으로부터 자유롭게 되었다. 이후 오랫동안 이 자매는 고통 가운데 주님의 기쁨을 계속 발견해 왔다.

우리는 고통으로 얼룩진 어려운 시대에 살고 있다. 그리스도인들로서 우리는 세상을 섬기라는 부르심을 받았다. 세상 사람들이 고통을 당하는 것처럼 우리도 고통을 겪는다. 전쟁, 박해, 질병, 재정의 위기, 사랑하는 자를 잃음, 고립 등 이유는 다양하다. 이와 같은 세상에서 어떻게 기뻐하는가? 세상의 모든 죄를 위해 고난을 받으셨지만, 십자가를 견뎌내실 힘을 '그 앞에 있는 기쁨을'(히 12:2) 통하여 얻어내신 그분의 사랑 안에서 힘을 얻음으로써 기뻐한다. 그 남편이 복음을 증거하려 했다가 오히려 그 사람들에게 죽임을 당한 엘리자베스 엘리엇(Elisabeth Eliot)은 다음과 같은 위로와 도전의 말을 우리에게 해 준다. "주어진 것이 무엇이든 그것을 받아들여야 하나님이 당신 자신을 주신다는 사실을 나는 오랜 시간이 지나서야 비로소 깨달았다. 이 비통함, 이 슬픔, 내 손을 텅 비게 하고 내 마음을 부수는 이 완전한 상실을 나는 내가 받아들이고자 하면 받아들일 수 있으며, 그것을 받아들임으로써 내 손에 무언가 드릴 것이 생겼음을 발견한다. 그래서 나는 그것을 그분께 돌려드리고, 그러면 그는 신비한 교환으로 그 자신을 나에게 주신다."(엘리자베스 엘리엇 글 모음, 시련을 품으라 - 4부, 2017년 9월 12일자) [1]

---

[1] Elisabeth Elliot Archives, Embrace the Trial - Part 4, posted on September 12, 2017.

약한 자 같으나 강하고

사도 바울과 그의 동역자들은 종의 사역이 갖는 이러한 역설들을 삶으로 살아냈다. 그는 비방과 거절, 굶주림, 외로움, 그리고 핍박을 마주 대했으나, 자기 안에 사시고 성령의 능력으로 자기를 통해 일하시는 분이 사실 부활하신 주님임을 깨달았기에 이 모든 것을 극복할 수 있었다. 그는 로마 그리스도인들에게 말한 것처럼 은혜 안에 서서 하나님의 영광을 바라며 즐거워했다(롬 5:1~2).

어쩌면 이 모든 역설의 핵심은 고린도후서 12장 10절, "이는 내가 약한 그 때에 강함이라"라는 바울의 고백에 있을 것이다. 그는 하나님이 자기에게 주신 놀라운 계시 때문에 쉽사리 자만에 빠질 수도 있었다. 하나님은 그를 겸손하게 하려고 심지어 그에게 '육체의 가시'까지 주셨다. 그리고서 바울에게 "내 은혜가 네게 족하도다 이는 내 능력이 약한 데서 온전하여짐이라"라고 말씀하시며 종의 사역의 큰 비결을 알려주셨다. 바울은 '그리스도의 능력이 (그에게) 머물게 하려고'(고후 12:9) 그의 약함을 더 기쁘게 자랑하겠다고 고백함으로써 주님께 응답했다.

바울은 열심히 일했지만, 일하시는 분은 자기 안에 계신 그리스도라고 고백했다. 그는 그리스도가 완성하신 일 안에서 안식했고 성령이 하나님의 영광을 위해 자신을 인도하고 자신을 통해 일하시게 허용했다.

바울은 종의 사역이 갖는 고난과 역설들에 대해 처음 말하면서 성령이 그의 종들에게 주시는 아주 특별한 다음 몇 가지 은사들을 언급했다(고후 6:6~7). 깨끗함-삶과 동기의 순전함, 한결같은 마음으로 주님과 다른 사람들을 섬김. 지식-그리스도 안에 계시 된 구원의 진리를 알고, 예수 그리스도를 아는 지식이 자기 삶의 유일한 목적이 되게 함. 오래 참음-하나님을 기다리고, 다른 사람들에게 인내함으로써 모두가 연합되어 살게 함. 자비함-다른 사람들을 참아주고, 자비로우며 긍휼을 베풂. 성령의 감화-여기서 바울은 아마도 그를 거룩하게 하고 그의 내면을 계속해서 굳건케 하며 하나님의 길로 인도하는, 자기 삶에 계신 성령의 임재에 대해 생각하는 것으로 보임. 거짓이 없는 사랑-순결하고 진실하며 위선적이지 않고 모든 믿는 자들을 함께 묶어 주는 사랑. 진리의 말씀-복음의 진리 및 자기 자신의 말의 진실함. 하나님의 능력-심령이 가난하고 자기 자신의 힘으로 사역하려 하지 않는 사람들에게 주시는 성령의 초자연적인 능력. 의의 무기-육에 속하지 않고, 사탄의 견고한 진을 파하는 하나님의 능력을 갖춘 하나님의 무기(고후 10:3~4), 오른손과 왼손 양쪽에 다 있는 이 무기들은 우리가 사방에서 오는 원수들과 맞대하고 이길 수 있게 한다.

우리가 종들이 겪는 고난과 역설에 관해 이야기할 때 이 아홉 가지 은사는 종종 간과된다. 그러나 이 은사들은 우리 안에서 하나님이 강하실 수 있도록 자신은 기꺼이 약해지려는 모두에게 주어진다. 당신은 주님의 종으로서 당신의 사역에 있는 역설들을 더 알아가게 되면서, 당신의 삶이 진정으로 그리스도와 함께 하나님 안에 숨겨져 있음을 발견하게 될 것이다. 그리고 왜 많은 사람이 당신이 사는 방식과 감당하는 위험부담을 이해하지 못하는지 알게 될 것이다. 당신의 삶은 성령에 의해서만 설명될 수 있다.

묵상과 예배를 위한 찬송

<u>Like a Well-Weaned Child 젖 뗀 아이처럼</u>
(시편 131)

오 주님, 내 마음이 교만하지 아니하고
내 눈이 오만하지 아니하며
내가 감당하지 못할 일을
생각지 아니하나이다

내가 내 영혼을 고요하고 평안하게 하기를
젖 뗀 아이처럼 하였나니
내 영혼이 젖 뗀 아이가 어머니 품에 있음 같도다

이스라엘아, 주를 바라라
주만을 바라라, 영원토록

젖 뗀 아이는 엄마의 가슴에서 젖을 먹는 시기를 막 지난 아이다. 젖 뗀 아이는 더는 엄마의 가슴에 젖을 먹으러 갈 수 없다. 이 시기에 대부분 아이는 어려운 적응의 시간을 겪는다. 자신들의 요구에 대한 어머니의 반응에 확신을 가질 수 없기 때문이다. 그들은 엄마가 자신들에게서 확연히 분리되기에 혼란스러워하며 종종 두려워하고 불안해한다. 심지어 엄마에게 버림을 받았다고 느낄지도 모른다.

젖을 잘 뗀 아이는 마침내 엄마의 사랑을 신뢰하게 된 아이다. 엄마의 사랑이 변함이 없고, 엄마가 자신의 필요를 채워줄 것을 알기 때문이다. 이제 아이는 더는 젖을 달라고 엄마 가슴에 오지 않는다. 그러나 엄마가 안아주리라 확신하며 사랑과 위로를 얻으러 계속하여 엄마에게 온다.

교수로서 나는 학생들의 질문에 대해 논리적인 좋은 대답을 해야 마땅했고, 내가 꽤 잘한다고 자부했다. 뇌 손상 후, 나는 내 삶의 왜라는 질문들에 대해 말이 되는 답을 찾아내려고 노력했다. 나는 일생 내가 진 크고 작은 죄들을 다 돌아보고, 왜 내가 이전의 반밖에 안 되는 모습으로 남게 되었는지 그 이유를 알고자 애썼다.

그런데 이것에 너무 집착한 나머지 깊은 우울증에 빠졌고, 결국 정신 붕괴에 이르렀다. "내가 어쩌면 이를 알까 하여 생각한즉 그것이 내게 심한 고통이 되었더니 하나님의 성소에 들어갈 때에야"(시 73:16~17).

엄마 품에 있는 젖 뗀 아이처럼 '내게 너무 높은' 모든 것들을 주님께 맡기고 나서야 나는 나를 향한 하나님의 사랑과 부르심이 변하지 않았음을 이해하기 시작했다. 언제나 하나님에 관한 것이지 내가 얼마나 좋고 나쁜지에 관한 것이 아니었다. 이제는 내가 너무 작고 도움을 필요로 하는 존재라 내가 무엇이고 무엇을 하는지에서 눈을 떼고 하나님의 성전에 들어가 그의 아름다움을 바라보기가(시 27:4) 더 수월하다. 젖 뗀 아이처럼, 어쩌면 내 안에 새로운 차원의 성숙이 시작되었는지 모르겠다.

어느 때에건 복음의 소망이 우리가 가진 전부다. 이제는 여느 때보다 더 깊이 그 점을 안다. 모든 것이 사라졌을 때 '내가 바라는 한 가지'는 '내 평생에 그의 성전에 거하며 그의 아름다움을 바라봄'일 것이다.

시편 기자처럼, 그리고 젖 뗀 아이가 어머니와 함께 있는 것처럼, 나는 하나님이 그의 은혜와 그의 방법으로 그의 때에 그리고 그의 사랑으로 응답하실 것임을 신뢰해야 한다. 나에게는 더 중요해야 마땅한 다른 질문들이 있다. 어떻게 하면 나는 젖을 잘 뗀 하나님의 아이일(BE) 수 있는가? 어떻게 하면 나는 이같이 불확실한 시기에 하나님으로부터 소망을 얻을 수 있는가? 어떻게 하면 이러한 시기에 나는 더욱 젖을 잘 뗀 아이가 될 수 있는가? 어떻게 하면 나는 성숙해져서 그의 방법으로, 그의 때에, 공급하시는 우리 하나님의 선하심을 신뢰하는 법을 배울 수 있는가?

「다윗의 보고(The Treasury of David)」의 저자 찰스 스펄전(Charles Spurgeon)은 시편 131편에 대해 이렇게 말했다. "이 시편은 읽기에 가장 짧은 시편 중 하나이지만 배우기에는 가장 오래 걸린다." 우리 자신을 겸손케 하고 우리 영혼을 잠잠케 해서 하나님의 선하심과 약속을 신뢰하는 것은 평생에 걸친 훈련이다.

요즘은 부정적이고 불안한 생각이 슬금슬금 밀려올 때마다 내 마음이 요동치게 놔두지 않고, 주 안에서 안식하면서 말씀으로 마음을 단련시켜 말씀으로부터 소망을 얻는다.

'내 마음이 교만하지 않습니다, 오 주님 …' 우리가 우리를 사랑하시는 아버지의 품 안에서 우리 영혼을 잠잠케 하기로 선택하는 젖을 잘 뗀 아이가 되어, 불확실하고 불안한 시기에도 그가 우리 모든 필요를 좋은 것으로 채워주실 줄 알게 되기를 나는 우리 모두를 위해 기도한다.

진정 주님만이 지금부터 영원까지 나의 유일한, 당신의 유일한, 그리고 우리의 유일한 소망이시다. 이스라엘아, 여호와를 바랄지어다!

역설은 겉보기에는 상식에 반하는 것 같지만 어쩌면 사실인 진술이다. 우리 주인을 섬기는 종이 되라는 우리의 부르심 안에서 우리는 '이치'에 맞게 하고 싶고 인간적인 생각으로 따지려는 마음을 포기해야 한다. 어머니 품 안에 있는 젖 잘 뗀 아이처럼, '내게는 너무 높은' 것들을 우리를 사랑하시는 신실한 주님께 맡기고 신뢰하며, 계속하여 그분만을 찾고 그의 뜻을 따르라.

우리가 고린도후서 12장의 말처럼 '(하나님의)능력이 약한 데서 온전하여(지기)' 때문에 '내가 약한 그 때에 강함이라'라고 바울과 함께 고백하게 되기를 기도하라. 우리가 이러한 종의 도의 역설을 받아들이고 하나님의 두나미스(dunamis) 능력을 통해 그의 나라를 위한 참된 영적 열매를 맺게 되기를!

"영광과 욕됨으로 그러했으며 악한 이름과 아름다운 이름으로 그러했느니라 우리는 속이는 자 같으나 참되고 무명한 자 같으나 유명한 자요 죽는 자 같으나 보라 우리가 살아 있고 징계를 받는 자 같으나 죽임을 당하지 아니하고 근심하는 자 같으나 항상 기뻐하고 가난한 자 같으나 많은 사람을 부요하게 하고 아무 것도 없는 자 같으나 모든 것을 가진 자로다"(고후 6:8~10)

"그러므로 도리어 크게 기뻐함으로 나의 여러 약한 것들에 대하여 자랑하리니 이는 그리스도의 능력(dunamis)이 내게 머물게 하려 함이라 그러므로 내가 그리스도를 위하여 약한 것들과 능욕과 궁핍과 박해와 곤고를 기뻐하노니 이는 내가 약한 그 때에 강함이라"(고후 12:9~10)

"내가 여호와께 바라는 한 가지 일 그것을 구하리니 곧 내가 내 평생에 여호와의 집에 살면서 여호와의 아름다움을 바라보며 그의 성전에서 사모하는 그것이라"(시 27:4)

"너희는 내 얼굴을 찾으라 하실 때에"(시 27:8)!

"여호와여 내가 주의 얼굴을 찾으리이다"(시 27:8)

네, 주님은 나의 구원이십니다

제가 큰 고통을 겪었지만

그럼에도 불구하고

당신을 기뻐할 것입니다

The Heart of A Servant

제 12장

세상 속의 종

주께서 그러하심과 같이 우리도 이 세상에서 그러하니라
(요한1서 4:17)

하나님은 사회 각 분야에서 그의 지도자로 삼을 수 있는 종들을 찾고 계신다. 우리는 하나님의 종이 되는 것이 무엇을 의미하는지에 대해 풍부한 가르침을 담고 있는 구약성경에서 하나님이 사회 모든 지도자를 그의 종으로 여기셨다는 사실을 기억한다. 왕, 제사장, 선지자, 음악가, 시인, 장인, 요리사, 학자, 그리고 교사 모두가 하나님의 종이라 불렸다. 때로는 '여호와의 눈'이라 불렸던 하나님의 성령은 종들을 찾으셨고, 오늘날에도 계속 찾고 계신다. "여호와의 눈은 온 땅을 두루 감찰하사 전심으로 자기에게 향하는 자들을 위하여 능력을 베푸시나니"(대하 16:9).

로버트 K. 그린리프(Robert K. Greenleaf)는 그의 예언적인 책 「서번

트 리더십 원전(Servant Leadership, 참솔 역간)」에서 "위대한 지도자는 먼저 사람들에게 섬기는 자로 보인다."라고 말한다. 그는 더 많은 섬기는 자들이 지도자로 세워져야 하며 우리는 섬기는 지도자들만 따라야 한다고 주장한다(pp. 7~10).

학교와 대학, 은행과 금융계, 제약회사들과 의료계, 기업계, 예술 및 엔터테인먼트계, 국제법 영역과 지역 및 국가의 정부들, 그리고 물론 교회에서 더 많은 섬기는 자들이 리더가 될 때, 세상은 더 친절한 곳이 될 것이다. 사람들은 성장할 수 있는 새로운 자유를 찾을 것이고, 사회에서 가장 특권이 없는 층이 혜택을 누리게 될 것이다. 내가 누린 가장 큰 축복 중 하나는 '섬기는 자가 지도하는 대학'인 킹 대학교(Kings University, Bristol, Tenessee)에서 학부를 졸업하는 특권이었다. 킹 대학교의 관리 이사, 총장, 교수 및 직원들은 하나님의 영광을 위해 학문적, 개인적 탁월함에 헌신한 하나님의 종들이었고 지금도 계속 그렇다. 하나님은 삶의 모든 분야에 그의 종들을 심으신다.

이런 이유로 사도 바울은 디모데에게 그가 섬기는 교회를 권면하여 모든 사람을 위해 간구와 중보와 감사의 기도를 올려 드리고 특별히 "임금들과 높은 지위에 있는 모든 사람을 위하여" 기도하라고 명령했고, "이는 우리가 모든 경건과 단정함으로 고요하고 평안한 생활을 하려 함이라"(딤전 2:1~2)라고 말했다. 바울 자신도 로마 제국의 교회들 가운데 흩어진 하나님의 종들을 위해 계속 기도했다.

앞에서 우리는 어떻게 하나님 자신이 종으로 이 세상에 들어오셨고, 그렇게 하심으로써 사탄의 권세를 멸하고 자신을 믿고 따르는 모든 사람에게 영원한 생명을 주셨는지 이야기했다. 하나님은 모든 믿는 자에게 그의 아들을 믿으라고, 또 전 세계에 그의 나라를 확장하기 위해 그리스도와 함께 동역할 수 있는 종들이 되라고 부르신다. 따라서 우리가 어떻게 먼저는 예수 그리스도 안에서 하나님의 정의와 공의를 선포하고, 또한 나아가 사회를 바꾸며 나라들을 변화시켜 세상에 평화를 가져오는 정의의 종들이 될 필요가 있는지 강조했다.

세상 속에 있는 종들에 관해 이야기하자면, 젊은 '노르웨이의 사도' 한스 닐센 하우그를 기억할 수밖에 없다. 그는 자기 나라의 더 중요하고 고위층인 지도자들이 알지 못했던 큰 비밀을 알았다. 사회를 변화시킬 유일한 길은 실제 변화를 불러올 종들을 배출해 내는 것이라는 사실이었다. 그리고 그는 그렇게 했다. 그는 하나님의 말씀 및 하나님의 방법을 젊은 남녀들에게 훈련 시켰고, 그들을 노르웨이의 모든 마을로 보냈다. 그 결과 노르웨이는 오늘날의 강대국으로 부상했다.

이제 우리의 과제는 우리가 일하는 곳, 또는 우리가 섬기도록 부름을 받은 나라들에 우리가 변화를 불러올 수 있게 할 몇몇 원칙들을 발견하는 것이다. 우리가 움직여야 할 세 가지 간단한 방향이 그 원칙들을 발견하는 데 도움이 될 것이다.

아래로 내려가라(Go Under)

종은 자신이 섬기고자 하는 사람들 아래로 내려가야 한다. 종은 상향 이동을 추구하는 세상에서 하향 이동을 실행한다. 종은 항상 아래로, 곧 자신이 섬기는 사람들 밑으로 내려간다. 어쩌면 나의 개인적 이야기가 이해에 도움이 될 것이다. 우리 가족의 첫 하와이 방문은 아이들 모두가 절대 떠나고 싶지 않다고 할 정도로 우리 모두에게 신나는 경험이었다. 그런데 거기서 나는 내 선교 방식과 철학을 바꿔준 경험을 했다.

그때 우리는 한국 선교사로 10년이 넘게 섬긴 후였지만 새롭게 될 필요가 있는 상태였다. 그리고 하나님이 어떤 식으로 그렇게 하실지는 전혀 예기치 못했었다! 우리는 친구들과 함께 멋진 해변에 가서 사람들이 밀려 들어오는 파도를 타는 모습을 구경하고 있었다. 그들은 서핑보드나 다른 도구가 없이 자신들의 몸으로 파도를 타고 있었다. 나는 바디서핑을 할 수 있다면 얼마나 좋을까 생각했다. 그렇지만 어떻게 바다에 들어가서 파도에 다가가 타는지를 몰라서 파도 속으로 직접 꼿꼿이 걸어 들어갔고 몸이 완전히 뒤집혀 버렸다. 다행히 죽지는 않았다. 그러자 친구가 방법을 알려주었다. "파도 아래로 들어가." 그는 말했다. "그다음에 파도 반대편으로 올라와서 파도를 타고 들어오면 돼." 몇 번의 실패를 거듭한 후에 나는 그의 방법이 실제 작동한다는 사실을 발견했다. 나는 파도 아래 물속으로 뛰어든 후 그 파도의 뒤쪽으로 올라와 편안하고 쉽게 파도를 타고 해안으로 들어왔다.

내가 무엇을 배웠는가? 이것이 바로 선교사가 또 다른 문화로 들어가야 할 방식이라는 점을 배웠다. 아래로 내려가라. 섬기고자 하는 사람들 밑으로 가라. 당신의 모든 은사와 재능, 지식과 돈을 가지고 그 문화의 파도 아래로 뛰어들어라. 그리고 하나님이 그 문화 사람들을 인도해 그들이 당신을 끌어 올리고 자신들에게 사역하게 허용할 때까지 그 파도 밑, 바다 깊은 곳에 머물러 있으라.

그런데 이것은 타 문화권 선교사만을 위한 교훈이 아니다. 정치 및 외교 영역, 비즈니스와 경제계, 교육과 예술, 그리고 종교계에 이르기까지 사회 각계각층에 있는 하나님의 종들을 위한 교훈이다. 종은 자기가 섬기기를 원하는 사람들 아래로 내려가야 한다. 무지한 척하거나 수동적으로 우리의 교육 정도나 재능을 제쳐 두어야 한다는 뜻이 아니다. 섬김의 모든 영역을 '겸손한 마음으로 각각 자기보다 남을 낫게 여기며'(빌 2:3) 들어가야 한다는 뜻이다. 예수님은 만물의 주로 오셨지만, 제자들 앞에서 무릎을 꿇고 그들의 발을 씻기셨다.

한스 우르스 폰 발타자르(Hans Urs von Balthasar)는 그의 소책자 「하나님과의 약속(Engagement with God)」[1]에서 이점을 가장 잘 설명했다. "교회는 모든 사람에게 그리스도의 구원을 가져오기 위해 존

---

1   Ignatius Press, San Francisco 2008, p. vii

재하므로 세상 속으로 '하강'하신 그리스도의 길을 따르고 그리스도의 삶의 형태를 취해야 한다. 이것은 우리 중 '지극히 작은 자'(마 25:40)를 위한 행동과 고난을 수반하며 모두의 종착지에 대해 그리스도 안에서 그와 함께 책임을 감당함을 의미한다."

예수님이 제자들 앞에서 자신을 낮추셨음에도 불구하고 제자들은 예수님이 십자가에 못 박혔다가 다시 살아나기 전까지 이 진리를 배우지 못했다. 성령이 그들 위에 임하여 그들을 변화시켰을 때가 되어서야 비로소 그들은 하나님의 종이 됨이 무슨 의미인지를 배웠다. 그런 후 그들은 자신의 야망과 교만을 내려놓았고, 그들이 자기가 섬기는 사람들뿐만 아니라 서로를 필요로 한다는 사실을 이해하기 시작했다.

섬기고자 하는 사람들 아래로 내려가려면 그들의 이야기를 듣고 그들로부터 배우고자 하는 태도가 필요하다. 종은 그가 섬기는 사람들이 거리낌 없이 다가갈 수 있는 사람이며 때때로 그들이 시정해 주는 것을 기꺼이 받아들인다. 종은 전문 지식을 더 많이 가졌는지는 모르지만, 그렇다고 더 많은 지혜를 가지고 있지는 않다. 겸손은 때로 수치를 당해야 생겨난다. 우리가 우리의 섬기는 자들 아래로 내려가는 것은 하나님이 우리를 숨기시는 방법 중 하나다. 우리는 보화를 담은 질그릇처럼 되어서(고후 4:7), 우리 안에 계신 우리의 보화이신 그리스도를 다른 사람들이 볼 수 있도록 기꺼이 깨어질 준비가 된다. 그리고 우리가 섬기러 간 사람들, 함께 일하러 간 그 사람들을 우리에게 주신 하나님의 선물로 볼 수 있게 된다. 그러면 그들은 우리를 안으로 들어오라고 초청할 것이다.

안으로 들어가라(Go Inside)

나는 타 문화권 선교사로서 내 문화와 완전히 다른 문화 안으로 들어오라고 초청받는 큰 특권을 누렸음에 감사하면서 이 글을 쓴다. '외부인(outsider)'이 아니라 '내부인(insider)'으로 환영받는 것이 모든 사역의 시작이다. 그렇게 동일화될 때 메시지를 전하는 자와 메시지 둘 다가 참되고 진실해진다.[2]

이 원칙은 새로운 일터로 들어가거나 정부나 과학 기관에 속해 들어가는 누구에게나 적용된다. 하나님도 몸소 이 전략을 실천하셨다. 그는 남들에게 전적으로 의존하는 무력한 아기가 되어 인간들 '아래로 내려오심'으로써 세상에 들어오셨다. 그는 인간의 육신을 입고 자신이 섬기러 온 사람들과 동일시함으로써 '안으로 들어오셨다.' 그는 그의 백성과 하나가 되기 위해 '인간 문화의 파도 아래로' 기꺼이 뛰어드셨다. "자녀들은 혈과 육에 속하였으매 그도 또한 같은 모양으로 혈과 육을 함께 지니심은 죽음을 통하여 죽음의 세력을 잡은 자 곧 마귀를 멸하시며"(히 2:14). 하나님의 아들의 접근 방식은 성육신, 곧 안으로 들어가서 사람들을 그의 형제자매와 친

---

2 오대원, 『두려움의 집에서 사랑의 집으로』, 도서출판 예수전도단; 2015

구로 받아들이는 것이었다.

열림과 투명함은 교회에서건 세상에서건 종들이 함께 살아가는 삶의 열쇠다. 우리는 하나님께 열려 있을 뿐 아니라 우리와 함께 살며 일하는 사람들에게도 마음을 연다. 하나님은 점점 더 고립되어 가는 세상 속에 우리가 공동체를 세우는 자들이 되게 하실 것이다.

곁에서 가라(Go Alongside)

성령의 이름 중 하나는 패러클릿(paraclete)이다. 그는 우리를 굳건케 하고 격려하기 위해 곁에 오시며, 우리도 그와 똑같이 우리와 함께 일하는 사람들이 자기 잠재력을 온전히 발휘하게 도움으로써 그들을 섬길 수 있다.

어쩌면 당신은 새로운 직장에 들어가고 있을지 모르겠다. 그렇다면 당신은 하나님이 보내신 종으로 들어가며, 새 직장으로 당신이 축복받을 뿐 아니라 또한 직장 사람들을 축복하기 위해 들어간다. 혹은 다른 나라로 이주하여 그곳 사람들을 섬기거나, 학업 또는 연구를 계속할 계획을 세우고 있을지도 모른다. 어디로 가든, 무슨 일을 하게 되든, 당신은 하나님의 종이다.

하나님은 당신이 당신과 관계하는 사람들을 위해 세 가지 기본적인 일을 하게 인도하실 것이다. 당신은 그들 곁에 가서 하나님이 주신 당신의 사랑과 지혜를 통해 그들을 격려함으로써 그들을 붙들 수 있다. 즉, 더 큰 빛을 가리키는 작은 빛이 되는 것이다. 당신은 다른 사람들에게 치유를 가져다주고, 그들이 자신의 염려와 외로움 및 다른 연약함을 극복하게 도울 수 있다. 그리고 당신은 그들을 믿어 주어서 그들이 계속 자라고 더 나은 사람이 되게 할 수 있다. 당신은 성 프란시스(St. Francis)처럼 어딜 가든지 평화의 도구가 될 수 있다.

세상에서 우리의 섬김의 흔적

오래전 엘렌과 내가 우리 사역에서 '깊은 곳을 향해 나아갈' 준비를 하고 있을 때, 누군가 내게 다음의 제안들을 담은 소책자를 건네주었다. 정확한 말은 기억나지 않지만, 나는 그 내용에 큰 도전을 받았었다. 당신이 성령의 더 깊은 사역 안으로 믿음의 도약을 하려고 준비할 때 어쩌면 이 제안들이 당신에게도 도전이 될 것이다.

다른 사람들은 남들이 자기를 따르며 순종하도록 권위를 요구할지 모른다. 당신은 그러면 안 된다. 당신은 성령의 권위를 가졌으며, 그것은 하나님이 원하시는 때에 남들이 알아볼 것이다.

다른 사람들은 작은 왕국들을 세우고 크기와 숫자, 또는 힘으로 자신의 성공을 측정할지 모른다. 당신은 그러면 안 된다. 당신은 더 큰 나라의 종이다.

다른 사람들은 개인적인 이득을 위해 사역할지 모른다. 당신은 그러면 안 된다. 하나님은 당신의 복지를 기뻐하신다. 그가 당신을 돌보실 것이다. 주님이 바로 당신의 목자이시다.

다른 사람들은 더 많은 사람이 그들을 따르게 하려고 자기 자신의 힘과 능력과 지식에 사역의 기반을 둘 것이다. 당신은 그러면 안 된다. 당신은 예수 그리스도를 죽은 자 가운데서 살리신 분의 힘을 가졌다.

다른 사람들은 혼자서 갈지 모른다. 당신은 안된다. 당신은 서로 책임지는 관계를 맺고 사역을 함께 하기 위해 코이노니아 교제를 가져야 한다.

다른 사람들은 자기 성품의 약점들과 죄를 무시하거나 숨기면서 계속하여 남들을 속일지 모른다. 당신은 그러면 안 된다. 당신은 투명하며 당신이 섬기는 자들이 당신에게 책임을 물을 수 있다.

다른 사람들은 거짓으로 공격받을 때 자신을 방어하려 할지 모른다. 당신은 그러면 안 된다. 하나님은 자기 종들을 변호하겠다고 약속하셨다. 그러나 이러한 공격 가운데에서 성령은 당신을 변화시키고 세상이 절대 알 수 없는 기쁨으로 당신을 채워주실 것이다.

이와 같은 때에 하나님은 당신을 그의 종으로 부르셨다.

묵상과 예배를 위한 찬송
SEE THE SCARS 상처를 보라
(사 53:5; 막 10:45; 요일 2:1)

상처를 보라, 고통을 느끼라
그들이 아는 그 아픔을 알라; 이득이 무엇인가?
겨울철 내모는 비처럼 너무 세게 내린다
누구의 잘못인가?

아는 우리가, 우리가 가야 한다
오래전 그분의 메시지를 가지고,
어디에 있는 누구에게나 말하라
아픔을 돌아보신 그분을 믿음으로 보라고

후렴 :
그리고 당신은 상처를 볼 것이다
당신을 위해 죽으신 이의 상처를
예수가 당신을 위해 흘리신 피를 보라
그가 내미시는 자비를 취하라
오 당신은 상처를 볼 수 없는가
사망의 쏘는 것을 거두어가는 상처를
우리가 결코 지불할 수 없던 것을 지불한 상처를
우리에게 더 나은 날을 약속하는 상처를
상처를 보라

자세히 보라, 시간을 들이라
얼어버린 눈 너머 두들겨 맞은 마음을,

궁핍으로 가득 찬 세상이다
그저 그들의 피 흘림을 보고만 있을 것인가?

(오 할 수 없는가)?
후렴

나는 퀸스에서 맨해튼으로 가는 지하철을 타고 한번은 내 생각을 노래로 표현해 보려 했다. "예수님이라면 지하철이나 기차에서 자기들 세상이 가한 고통 속에 있는 그들과 함께 앉아 무엇을 하실까? 목적 없이 뛰는 사람들, 오, 그러나 아무것도 보이지 않네. 예수님이라면 무엇을 하실까? 당신을 통해."

요즘 세상은 거의 40년 전 그때보다 훨씬 더 괴롭고 혼란스러운 것 같다. 우리는 오늘날 사람들의 감정적 상처에 세심한 주의를 기울이는 법을 배우고, 어떻게 의미 있게 그 상처의 방향을 돌려 우리 구주 예수 그리스도의 생명을 주는 상처를 향하게 할지 배워야 한다.

나는 1980년대 중반 뉴욕의 한국계 미국인 청소년 그룹에서 사역하는 동안 이 노래를 썼다. 홀리와 내가 이 청소년들과 일하기 시작했을 때, 이 젊은이들이 매우 적대적인 대도시 환경에서 두 개의 문화와 두 개의 언어 사이에 끼어 엄청난 짐과 상처를 짊어지고 있었음은 아주 명백했다. 먼저 나는 그들이 예수님을 바라보고, 그분이 그들과 우리 모두를 위해 지신 상처를 보기 원했다. 둘째로 또한 그들이 자기 주위의 세상을 바라보면서 다른 사람들이 가지고 있는 상처를 보고 자신의 부르심을 알게 되기를 원했다. "아는 우리가, 우리가 가야 한다. 어디에 있는 누구에게나 말하라. 아픔을 돌아보신 그분을 믿음으로 보라. 아는 우리가, 우리가 가야 한다. 오래전 그분의 메시지를 가지고. 어디에 있는 누구에게나 말하라. '아픔을 돌아보신 그분을 믿음으로 보라고'."

나는 이것이 주님의 종들에게 주어진 가장 큰 부르심이라고 지금도 믿는다. 우리 삶에 온전함을 가져다준 예수님의 상처를 이미 알아 온 우리는 다른 사람들의 시선을 돌려 주이자 구원자이신 예수님의 상처를 통해 소망과 온전함을 얻게 하는 부르심을 받았다.

"그가 찔림은 우리의 허물 때문이요 그가 상함은 우리의 죄악 때문이라 그가 징계를 받으므로 우리는 평화를 누리고 그가 채찍에 맞으므로 우리는 나음을 받았도다"(사 53:5)

"인자가 온 것은 섬김을 받으려 함이 아니라 도리어 섬기려 하고 자기 목숨을 많은 사람의 대속물로 주려 함이니라"(막 10:45)

아래로 내려가라

섬기고자 하는 사람들 밑으로 가라

당신의 모든 은사와 재능, 지식과 돈을 가지고

그 문화의 파도 아래로 뛰어들어라

The Heart of A Servant

제 13장

종의 부르심

나 여호와가 의로 너를 불렀은즉

(이사야 42:6)

'종으로 부름 받다.' 아무도 이 결정을 쉽사리 내리지 않는다. 우리는 어린아이 같은 믿음을 가져야 하지만 하나님의 한결같은 사랑을 어린아이처럼 믿으려면 먼저 어려운 결정을 내려야 한다. 하나님이 아브라함에게 인간적인 안정감이라곤 다 내려놓고 미지의 세계를 향해 그를 따라오라고 부르셨을 때, 아브라함은 이 결정의 갈림길에 섰다. 이 결정을 내리는 것이 그에게 어떤 의미였는가? 그것은 주님을 신뢰함으로 일생 전체를 주님께 맡겨 드리고 그에게 백지수표를 드려야 한다는 뜻이었다. 그는 보이지 않는 것을 신뢰하고, 소망 너머로 소망을 가지며, 현상 유지에서 벗어나야 하는 삶으로 들어갈 것이었다. 75세의 나이에 그는 '갈 바를 알지 못하고'(히 11:8) 나아가야 할 것이었다.

그러나 아브라함은 어린 소녀 마리아가 훨씬 더 큰 불가능에 직면했을 때 알았던 것처럼 하나님이 신실하심을 알았다. 믿음이란 하나님의 신실하심을 신뢰하는 것이다. 믿음은 하나님에 대한 신조나 교리적 진리를 받아들이는 것이 아니며 완전히 지적이기만 한 결정도 아니다. 그것은 마음의 문제다. 아브라함과 마리아 모두 하나님께 완전히 열린 마음을 가지고 있었다. 하나님이 우리에게 말씀하시는 것처럼 그들에게도 "내 아들아 네 마음을 내게 주며 네 눈으로 내 길을 즐거워할지어다"(잠 23:26)라고 말씀하고 계셨기 때문이다. 아브라함과 마리아는 데이비드 홀더웨이(David Holdaway)가 그의 책 「The Captured Heart(사로잡힌 마음)」[1]에서 설득력 있게 말하는 것처럼 '사로잡힌 마음'을 가진 종들이 되었다. 그는 자기 책을 마무리하며 A. W. 토저(A. W. Toser)의 다음 말을 인용한다. "온 세계에서 가장 넓은 것은 우주가 아니라 인간 마음의 잠재력이다. 인간의 마음은 하나님의 형상대로 만들어졌기 때문에 모든 방향으로 거의 제한이 없이 늘어날 수가 있다. 그리고 세상에서 가장 큰 비극 중 하나는 우리 마음에 자기 자신 외에는 아무 공간이 남지 않을 때까지 우리 마음이 움츠러들게 허용하는 것이다."(p.25)

성경의 모든 종처럼 우리도 주님의 종이 되려는 우리의 결정이

---

[1] www.lifepublications.org.uk, 2004

우리를 어디로 데려갈지 알지 못한다. 하지만 우리는 주님을 안다. 그래서 아브라함과 마리아가 그랬던 것처럼, 하나님이 모든 인간적 기대 너머로 우리를 '확장 시키도록' 허용하기로 한다. 우리의 목표는 하나님을 더욱 온전히 알아서 그가 어느 방향으로 인도하시던지 따라갈 수 있게 되는 것이다.

우리를 그의 종이 되라 부르시는 하나님(사 42:5~9)

그의 종이 되라는 하나님의 부르심은(사 42:5~9) 고난받는 종의 첫 번째 노래(사 42:1~4) 바로 뒤에 나온다. 하나님은 그의 종이 됨이 어떤 의미이며 우리의 임무가 무엇일지를 먼저 우리에게 말씀하시고, 그다음에 그의 부르심을 내보내신다. 고난받는 종에 대한 이사야의 예언을 성취하신 예수님은 이 부르심을 갱신하면서, 먼저 그를 따르는 대가를 말씀하시고 그다음에야 부르심을 주신다. 예수님은 엘리트 그룹인 열두 제자만을 부르는 것이 아니라 모두에게 그를 따르라고 부르신다. "무리와 제자들을 불러 이르시되 누구든지 나를 따라 오려거든 자기를 부인하고 자기 십자가를 지고 나를 따를 것이니라"(막 8:34).

우리를 그의 종이 되라 부르시는 이 하나님은 누구이신가? 하나님은 사랑이시다. 그는 우리를 무조건 사랑하시고 절대 버리지 않으실 것이다. 그분은 그의 종들을 사랑의 돌보심으로 둘러싸신다. 그의 지식과 지혜는 무한하다. 하나님의 사랑은 전능하다. 그는 우리를 그의 종이 되라 부르시면서, 그가 "하늘을 창조하여 펴시고 땅과 그 소산을 내시며 땅 위의 백성에게 호흡을 주시며 땅에 행하는 자에게 영을 주시는 하나님 여호와"(사 42:5)이심을 일깨워 주신다. 사탄이나 사람의 어떤 권세도 하나님의 허락 없이는 우리를 건드릴 수 없다. 우리가 고난받을 때 그의 사랑과 능력이 우리를 붙드신다. 욥은 하나님을 '못 하실 일이 없사오며 무슨 계획이든지 못 이루실 것이 없는 분'(욥 42:2)이라고 묘사했다. 하나님께 불가능한 일이란 없다. 그분은 그의 종들을 위한 그의 목적을 모두 이루실 것이다. 우리는 가능한 일을 하고, 하나님은 불가능한 일을 하신다. 하나님은 주권자이시며, 그래서 우리가 그에게 순종할 때 그가 우리 삶을 향한 그의 목적을 이루실 것을 신뢰할 수 있다.

그는 의롭고 정의로우시다. "그는 반석이시니 그가 하신 일이 완전하고 그의 모든 길이 정의롭고 진실하고 거짓이 없으신 하나님이시니 공의로우시고 바르시도다"(신 32:4). 하나님은 신실하셔서 결코 우리를 실망시키지 않으실 것이다. 그는 자비로우셔서 우리가 죄를 지을 때 용서하시고, 불순종을 회개할 때 우리를 회복시키신다.

그는 친히 사람이 되었을 정도로 인간과 동일시하기로 선택하신 하나님이시며, 우리 삶에 있는 죄의 뿌리를 제거하기 위해 고난받고 죽으심으로 우리를 자유롭게 하셨다. 그는 부활하셨고, 그의 성령을 보내어 우리가 세상을 섬길 때 우리 삶에 능력을 부여하신다.

그분은 그의 종 세 명과 함께 풀무 불에 들어가셨고, 다니엘과 함께 사자 굴에서 걸으시던 하나님이시다. 그는 오직 그의 종들만 알 수 있는 크고 은밀한 일들을 이야기해 주시려고 우리를 초청하여 그에게 부르짖으라 하시는, 그리고 그의 종들에게 능력을 부여하셔서 가장 어두운 감옥에서 찬송의 노래를 하게 하시는 우리 하나님이시다(렘 33:1~3; 행 16:23~25).

종들에게 주시는 하나님의 약속

성경은 약속으로 가득 차 있다. 별다른 관심 없는 신자들은 약속을 찾는 것은 기뻐하지만, 때로는 약속과 함께 오는 명령을 보지 못하기 때문에 약속을 온전히 즐기지 못한다. 물론 하나님의 사랑은 조건이 없으며, 그 사랑을 받고자 하는 모두에게 주어진다. 그러나 공급과 보호와 지혜에 대한 언약의 약속들 대부분은 하나님의 약속을 기뻐할 뿐 아니라 또한 그의 명령에 순종하기를 즐거워하며, 하나님이 맡기신 일을 성취하는 데서 가장 큰 만족을 얻는 그의 종들에게만 주어진다. 하나님이 그의 종들에게 주시는 가장 위대한 약속은 그들에게 자신을 드러내셔서 그들이 자기를 부르는 분을 알게 하시는 것이다.

하나님은 그의 부르심에 응하는 자들에게 세 개의 언약의 약속을 주신다. "내가 네 손을 잡아 너를 보호하며 너를 세워 백성의 언약과 이방의 빛이 되게 하리니 … 이제 내가 새 일을 알리노라 그 일이 시작되기 전에라도 너희에게 이르노라"(사 42:6~9).

• **"내가 네 손을 잡아 너를 보호하며"**(사 42:6)

하나님은 그의 종들에게 친밀함과 보호를 약속하신다. 그는 우리에게 아버지와 어머니, 둘 다이시다. "여인이 어찌 그 젖 먹는 자식을 잊겠으며 자기 태에서 난 아들을 긍휼히 여기지 않겠느냐 그들은 혹시 잊을지라도 나는 너를 잊지 아니할 것이라 내가 너를 내 손바닥에 새겼고 너의 성벽이 항상 내 앞에 있나니"(사 49:15~16). "어머니가 자식을 위로함 같이 내가 너희를 위로할 것인즉"(사 66:13).

주님의 종들이 시편을 그들의 처소로 삼는 이유는 시편이 자기 백성을 향한 하나님의 사랑과 그들의 평생에 걸쳐 제공하시는 그의 보호에 대해 너무나 놀랍게 이야기하기 때문이다. 지존하신 하나님은 그의 종들에게 그의 은밀한 피난처를 집으로 삼으라고 초대하신다. 그곳은 친밀함과 보호, 둘 다가 있는 장소가 된다. 그가 그들의 피난처요, 요새가 되신다(시 91).

"네가 물 가운데로 지날 때에 내가 너와 함께 할 것이라 … 네가 불 가운데로 지날 때에 타지도 아니할 것이요"(사 43:2). 하나님은 그의 아들을 따르는 사람들이 세상과 악의 권세로부터 큰 위험에 부딪히게 될 것을 아셨다. "두려워하지 말라 내가 너와 함께 함이라 놀라지 말라 나는 네 하나님이 됨이라 내가 너를 굳세게 하리라 참으로 너를 도와 주리라 참으로 나의 의로운 오른손으로 너를 붙들리라"(사 41:10). "배에서 태어남으로부터 내게 안겼고 태에서 남으로부터 내게 업힌 너희여 너희가 노년에 이르기까지 내가 그리하겠고 백발이 되기까지 내가 너희를 품을 것이라 내가 지었은즉 내가 업을 것이요 내가 품고 구하여 내리라"(사 46:3~4).

• **"너를 세워 백성의 언약과 이방의 빛이 되게 하리니"(사 42:6b~7)**
하나님은 그의 종들을 사용하여 세상을 축복하겠다고 약속하신다. 때로 하나님이 그의 종들을 부르실 때, 우리가 두려워 돌아설까 봐 그를 따르는데 무엇이 요구되는지 완전히 알리지 않으실 때가 있다. 그는 우리에게 분명 약속을 주시지만, 그 약속은 장미 꽃봉오리가 때가 되어 우아하게 펼쳐지는 것처럼 점차 펼쳐져 갈지 모른다. 어쩌면 당신의 부르심이 이런 모습이었는지 모르겠다. 나의 부르심은 분명 그랬다. 내가 열일곱 살에 예수 그리스도를 믿고 평생 그를 따르겠다는 중대한 결심을 한 직후, 하나님은 이사야서의 이 말씀을 통해 나에게 말씀하셨다. 하나님의 이 부르심은(사 42:5~9) 10대 이래 내 인생의 구절이 되었고, 하지만 수십 년이 지난 이제야 나는 하나님의 언약을 구현하고 열방의 빛이 되는 엄청난 특권을 발견해 가고 있다.

아브라함이 그랬던 것처럼 하나님이 어떤 문들은 열고 어떤 문들은 닫으시며, 자기 필요를 모두 공급해 주시고, 자기 죄를 용서하고 실수를 고쳐 주시며, 위험할 때 자신을 숨겨 주시고, 세상을 축복하기 위해 자기를 사용하면서 길을 인도하시리라 의지하고 그를 따르는 하나님의 종 모두는 그의 임재 안에 경이롭게 서서 그를 예배할 수밖에 없다.

'이방의 빛'이 되는 것은 하나님의 종들의 특별한 사명이다. 바울은 창세기 12장 1~3절과 이사야 42장 5~9절의 본문을 취하여 하나님이 바나바와 자신에게 이렇게 명령하셨다고 말한다. "주께서 이같이 우리에게 명하시되 내가 너를 이방(열방)의 빛으로 삼아 너로 땅 끝까지 구원하게 하리라 하셨느니라"(행 13:47). 예수님은 성령을 주겠다 약속하시고 그 일을 수행할 계획을 말씀하실 때, 그의 종 아브라함의 사명이 오늘날 그의 종들의 사명, 곧 온 세상에 그의 증인이 되라는 사명과 같은 것이라고 설명하셨다. "오직 성령이 너희에게 임하시면 너희가 권능을 받고 예루살렘과 온 유대와 사마리아와 땅 끝까지 이르러 내 증인이 되리라 하시니라"(행 1:8).

눈먼 자들의 눈을 뜨게 하고 흑암의 감옥에 갇힌 자들을 끌어내오는 사명은 종 자신의 힘만으로는 수행할 수 없다. 성령이 메마른 땅에 내리는 비처럼 우리에게 임하셔서 우리의 영을 새롭게 하셔야만 한다. 불처럼 임하셔서 우리 삶을 파멸에 이르게 하는 죄와 삶의 쓸모없는 쭉정이를 태우시고, 그의 사명을 완수할 능력을 주셔야만 한다.

• **"보라 전에 예언한 일이 이미 이루어졌느니라 이제 내가 새 일을 알리노라 그 일이 시작되기 전에라도 너희에게 이르노라"(사 42:9)**

하나님은 그가 행할 새로운 일들을 그의 종들에게 알리겠다고 약속하신다. 하나님은 그의 종 노아에게 세상의 난폭함을 멸하려는 그의 계획을 경고해 주셨다. 예레미야가 감옥에서 고통을 겪고 있을 때 하나님은 그에게 "너는 내게 부르짖으라 내가 네게 응답하겠고 네가 알지 못하는 크고 은밀한 일을 네게 보이리라"(렘 33:3)라고 말씀하셨다. 그는 포로로 잡혀가 있던 다니엘에게 지혜를 주셔서 느부갓네살왕의 꿈을 해석할 수 있게 하셨다. 그리고 나중에는 다가올 하나님 나라에 대한 놀라운 환상을 주셨다. 그는 바울에게 말씀하셔서 피해야 할 위험과 사역의 새로운 영역을 보여주셨다. 하나님은 요한이 밧모섬에 유배돼 있는 동안 요한계시록에 기록되어 있는 마지막 때의 일들을 계시하셨다.

질문은 여전히 남는다. 하나님은 오늘날에도 그의 종들에게 '새 일이 시작되기 전에' 그 일을 말씀하시는가? 그 답은 "예"와 "아니오" 둘 다이다. 그렇다! 하나님이 오늘날 그의 종들에게 미래 사건들, 가야 할 곳과 가지 말아야 할 곳, 만날 사람들 등에 대해 말씀하신다는 증거는 넘쳐난다. 종의 삶에 그가 하시는 일들, 의학 전문가들을 놀라게 할 치유, 혹은 기대치 못할 만한 방법으로 필요를 공급하심 등의 증거들이다. 때로 하나님은 그의 종들에게 다가올 부흥에 대해 말씀하셔서 우리와 다른 사람들이 준비할 수 있게 하신다.

그렇지만 그리스도의 말씀이 자신들 안에 풍성히 거하게 하기를(골 3:16) 거부하며, 기본적으로 성경을 무시하고 앞으로의 일들에 대해 무지하게 말하는 사람들에게 그 답은 "아니오."이다. '새 일이 시작되기 전에' 그 일을 진정으로 알기 원하는 종은 말씀을 연구하고, 날마다 성경을 읽고 묵상하는 가운데 성령이 말씀하실 때 그 음성을 듣는다. 하나님은 복음을 증거할 새로운 기회에 대해, 혹은 당신이 이전에 인식하지 못했을지 모르는, 세상에서 필요가 있는 어떤 새로운 영역에 대해 당신에게 말씀하실 것이다. 아침마다 하나님이 '당신의 귀를 깨우시게'하고 제자처럼 들으라(사 50:4). 그리고 성령께 당신의 눈을 열어 그의 말씀에서 놀라운 것을 보게 해 달라고 구하라(시 119:18).

묵상과 예배를 위한 찬송

Into the Waters Deep 깊은 물 속으로
(눅 5:1~11)

오 시몬아, 오늘 이날에
모든 덜한 꿈들은 제쳐 두어라
너를 위해 내가 예비한 모든 것
너의 눈이 지금은 한 조각도 볼 수 없으니,
그러니 믿음으로 한 걸음 크게 뛰겠느냐?
깊은 물로 나아가
그물을 내려 고기를 낚으라
아들아, 딸아, 넌 아직 보지 못했다

너의 의심의 질문을 내가 잘 안단다
"아무도 씨 뿌릴 수 없는 곳에서 거두어야 한단 말인가?"
너의 애씀을 안다, 지쳐 있음도
수고는 너무 크고 수확은 너무 작구나
그러나 친구여, 내 말을 듣고 순종하여라
너는 조금씩만 감지하겠지만
내가 오늘 너의 세상을 변화시키리라
놀라운 일들이 기다리니, 순종하고 보아라!

스스로 가치 없다 하느냐?
아들아, 딸아, 지혜를 가져서 나를 붙들라
아픔으로 찔린 나의 손을 꽉 붙잡으라
내가 이룬 일 위에 굳게 서거라
너를 통해 내 이름이 영광 받도록

내가 조심하랴, 스스로 억제하랴?
보라, 내 영의 길들이지 않은 거센 능력이
이 시간, 너의 시간을 위해 너를 가득 채우리라

요나의 아들, 사랑하는 시몬아,
이제부터 너는 사람을 낚으리라
너의 이름을 곧 베드로라 하리니
너의 십자가를 지고 나를 따르라
친구여, 그리고 그리스도의 부르심을 지켜
목숨을 버림으로 참된 생명을 얻겠느냐?
너의 새 이름이 무엇이 되겠느냐?
기꺼이 하려거든, 순종하고 보아라!

이 찬송은 누가복음 5장 1~11절을 묵상한 내용이며, 원래 이 본문에 대한 나의 설교의 마무리에 읽으려고 쓴 시였다. 나는 시를 짓고 나서 몇 달 후에 곡을 붙였고, 깊은 물(DEEP WATERS)이라는 제목을 달았다.

예수님이 시몬 베드로를 대하신 이야기들은 언제나 내게 도전을 주고 한편으로는 격려가 되었다. 시몬은 실수투성이고 종종 실패도 했지만, 예수님은 계속해서 그에게 베드로가 되라고 부르신다. 내 삶을 향한 그리스도의 부르심은 나 자신의 은사나 의로움에 근거한 것이 아니라 전적으로 그의 공로에 근거한다. 그는 나에게 그저 '아픔으로 찔린 그의 손'을 붙잡고 그의 부르심을 따르라고 말씀하신다. 내가 주저함 없이 순종하면 언젠가는 시몬처럼 나도 '베드로'가 될 것이다. 그러면 나는 순종하는 자를 통해 하나님이 무엇을 하실 수 있는지 분명히 보게 될 것이다.

"그러나 무엇이든지 내게 유익하던 것을 내가 그리스도를 위하여 다 해로 여길뿐더러 또한 모든 것을 해로 여김은 내 주 그리스도 예수를 아는 지식이 가장 고상하기 때문이라 내가 그를 위하여 모든 것을 잃어버리고 배설물로 여김은 그리스도를 얻고 그 안에서 발견되려 함이니 내가 가진 의는 율법에서 난 것이 아니요 오직 그리스도를 믿음으로 말미암은 것이니 곧 믿음으로 하나님께로부터 난 의라 내가 그리스도와 그 부활의 권능과 그 고난에 참여함을 알고자 하여 그의 죽으심을 본받아 어떻게 해서든지 죽은 자 가운데서 부활에 이르려 하노니 내가 이미 얻었다 함도 아니요 온전히 이루었다 함도 아니라 오직 내가 그리스도 예수께 잡힌 바 된 그것을 잡으려고 달려가노라"(빌 3:7~12)

하나님이 그의 종들에게 주시는

가장 위대한 약속은

그들에게 자신을 드러내셔서

그들이 자기를 부르는 분을 알게 하시는 것이다

The Heart of A Servant

종들에게 보내는 오대원 목사의 마무리하는 말

당신은 하나님께 택함 받았고, 부름 받았다. 그는 가장 큰 선물을 당신에게 주셨으며, 그것은 그의 종으로서 그의 아들 예수 그리스도와 함께 동역하는 특권이다. 그는 말씀으로 당신을 무장시켜 주셨고, 성령으로 말미암아 능력을 주셨으며, 사랑으로 당신을 두르셨다.

당신은 사탄의 불의로부터 사람들을 해방해 하나님 안에 새 생명을 얻게 하고, 세상의 고통받는 사람들을 인간의 잔인함과 포악함 때문에 일어난 악으로부터 해방하기 위해 세상을 위한 하나님의 정의의 사역에 동참할 것이다.

그는 당신의 목자이시며, 당신이 걷는 모든 걸음마다 당신을 이끄시고 당신이 이전에 한 번도 고려해 보지 않은 사역의 방향으로 당신을 인도하실 것이다. 그는 당신이 '지존자의 은밀한 곳'을 집으로 삼게 초대하셨고 그의 날개 그늘 아래 쉬라고 초대하셨다.

당신은 시험을 당하겠지만 감당할 수 있는 이상은 절대 아닐 것이며, 그때에는 그가 피할 길을 내셔서 당신으로 견디게 하실 것이다(고전 10:13). 때로 당신은 낙심이 되어 포기하고 싶어질지 모르지만, 하나님은 절대 당신을 포기하지 않으실 것이다. 때로 당신은 답답한 마음에 헛수고했다고 생각할지 모르지만, 하나님은 계속해서 당신을 통해 열매를 맺으실 것이고 당신의 비전을 확장함으로 위로하실 것이다.

당신은 고난을 겪겠지만 그것이 그리스도를 위해 겪는 고난임을 기억할 것이다. 사망의 음침한 골짜기로 다닐지라도 당신은 두렵지 않을 것이다. 하나님의 고난받는 종이며, 또 선한 목자이신 분이 당신 옆에서 걸으시기 때문이다. 그는 당신의 모든 필요를 공급해 주실 것이다.

당신은 절대 혼자 걷지 않아도 될 것이다. 하나님의 영이 당신을 위해 초자연적인 코이노니아(koinonia) 공동체를 창조하셨기 때문이다. 거기서 당신은 주님의 다른 종들과 함께 삶을 나누고, 승리와 실패를 나누고, 기쁨과 슬픔을 나눠 가질 것이다. 바깥세상은 당신을 보고 이렇게 외칠 것이다. "놀라운 일이다! 이 그리스도인들이 어떻게 서로를 사랑하는지 보라!" 당신은 하나님의 사랑의 종이 되어서 어둠 속에 사는 자들에게 우리 아버지의 사랑을 보여줄 것이다. 당신은 깨어진 세상에서 그의 평화와 치유의 도구가 될 것이다.

때로는 그가 당신을 보호하거나 혹 완전하게 만들기 위해 당신을 감추실 때도 있을 것이다. 그런 시간을 환영하고 그의 임재 안에 기뻐하는 법을 배우라. 무엇보다 승리하신 고난받는 종 예수 그리스도의 마지막 때 잔치인 어린 양의 혼인 잔치에서 우리 아버지가 당신을 섬기려고 지금 기다리고 계신다는 사실을 절대 잊지 말라! 당신은 그리스도의 부르심을 따르기로 했고, 그는 당신에게 '받는 자 밖에는 그 이름을 알 사람이 없는' 새 이름을 주실 것이다(계 2:17). 하나님이 당신의 귀에 "잘하였도다, 착하고 충성된 종아. 내가 너를 기뻐한다."라고 속삭이실 때, 게리의 찬송 《깊은 물 속으로(Into the Waters Deep)》의 마지막 가사를 또한 기억하라.

> 친구여, 그리고 그리스도의 부르심을 지켜
> 목숨을 버림으로 참된 생명을 얻겠느냐?
> 너의 새 이름이 무엇이 되겠느냐?
> 기꺼이 하려거든, 순종하고 보아라!

종들에게 보내는 게리 패럿의 마무리하는 말

ONESIMUS 오네시모
(빌레몬)

주님, 당신이 내 생명을 내게 주셨으니
나의 왕, 나의 하나님,
이제 그것을 당신께 다시 돌려드립니다
그때는 제가 쓸모없었기에
나의 치유자, 당신이 내게 손 얹으실 때까지
쓸모없는 자였기에

후렴 :
내 삶을 가져가사
높으신 주께 유용하게 하소서
당신의 영광 반사하게 하소서
당신이 날 사랑하셨듯 사랑하게 하소서
당신이 날 만지셨듯 만지게 하소서
소망과 자비로 만지게 하소서
내 생명 드리리이다
내 생명 드리리이다
(당신 안에 내 생명 찾으리이다)

자꾸만 보지 못하네
내가 무엇이었는지,
내 친구여, 당신을 통해 내가 무엇이 되었는지
이전에 나는 노예였다네
다시 한번 당신을 위해 노예가 되리이다
나의 주인이여

후렴
(당신 안에 내 생명 찾으리이다)

이 노래는 빌레몬서에 나오는 오네시모라는 이름의 종을 묵상하다가 지은 노래다. 오네시모는 빌레몬의 종이었다. 오네시모라는 이름은 '유익한' 또는 '쓸모 있는'이라는 뜻으로 그 당시 로마 제국에서 종들에게 좀 흔한 이름이었다. 그런데 이 종은 도망을 쳤고, 그의 인간 주인인 빌레몬에게 아주 쓸모없게 되었다.

도망친 이 종 오네시모는 하나님의 은혜로 로마에서 가택 연금 중이던 사도 바울을 만났으며, 바울의 사역을 통해 그리스도를 따르는 자가 되었다(전승에 따르면 오네시모는 후에 감독이 되었다). 빌레몬서에서 바울은 빌레몬에게 오네시모를 다시 받아 달라고 간청하면서, 그가 전에는 '무익하였으나' 이제 '유익하게' 되었다고 말한다.

마틴 루터는 "우리는 모두 오네시모들이다."라고 말했다. 우리는 모두 '전에는 무익했으나' 하나님이 우리를 만져 '유익하게' 만드셨고, 우리의 참 주인이신 그분을 높이기 위한 참된 오네시모들이 되었다. 나는 나를 더 쓸모 있게 만들어 달라고 하나님께 드리는 기도로서 이 노래를 썼다.

요즘 이 노래는 내게 새롭고 신선하게 다가온다. 하나님이 그의 나라를 위해 사용하셨다고 여겼던 많은 은사와 재능을 앗아간 사고와 부상 당한 후, 나는 나 자신의 '유용함'을 놓고 깊이 고민했다. 모든 것을 남들에게 의존해야 하는데 나 자신을 '유용하게' 만들기 위해 어떻게 해야 할지 몰랐다. 나는 가르치고 말하고 글 쓰는 것이 나의 영적인 은사라 여겼었고, 그 은사들을 사용할 때 하나님의 일을 하고 있어 유용하다고 느꼈다. 그 은사들을 빼앗겼을 때 나는 너무 쓸모없게 느껴졌고 깊은 우울증에 빠진 나머지 결국 정신 붕괴까지 이르렀다.

사고가 있은 지 거의 12년이 되었고, 하나님의 신실하신 인도와 치유는 천천히, 그렇지만 분명히 나를 이끌었다. 이제 나는 존귀하신 주인께 '유용한' 종이 되는 것이 무슨 의미인지를 새롭게 배우고 있다. 내게는 사역을 위한 직책이나 무대가 더는 없다. 이전에 가졌던 능력도 없다. 그런데 그의 종으로서의 유용함은 다른 사람이나 내가 보는 관점으로 측정되지 않는다는 사실을 나는 배우고 있다. 하나님은 가족 및 다른 사람들과 함께하는 나의 일상생활에서 겉보기에 작고 하찮은 종의 역할들에 대한 나의 자원하는 마음과 순종을 보신다. 내 기도는 내가 처음 이 노래를 썼을 때와 동일하다. 나는 다시 한번 그에게 매인 종이 되기를 선택함으로 존귀하신 그분을 위한 '오네시모'가 되길 원하고, 다른 사람들에게 매일 그의 영광을 드러내기를 원한다.

함께 주님의 종 된 이들이여 당신도 존귀하신 주인을 위해 '유용한 오네시모'가 되기를 진정으로 원하는가? 다시 한번 그의 노예가 되기로 선택하라. 그가 당신을 사랑하셨듯이 다른 사람들을 사랑함으로써 그의 영광을 드러내고 그가 당신을 만지셨듯이 다른 사람들을 만지라. 그리고 당신의 생명을 드리라. 그러면 분명히 그분 안에서 당신의 생명을 찾게 될 것이다.

부록 1

Hymns & Meditations / Hymn Links and Guitar Chords

His POIEMA! (Ephesians)
1장 마지막에 가사와 설명을 보라.
Text and Tune: gap2Theos (2013-15) Tune: WE PROCLAIM HIM!

The Righteous One
2장 마지막에 가사와 설명을 보라.
Text and Tune: gap2Theos (2010)

Jesus is LORD!
3장 마지막에 가사와 설명을 보라.
Text and Tune-gap2Theos (1983? 2020)

The Spirit of the Lord
4장 마지막에 가사와 설명을 보라.
Text: gap2Theos (2005) Tune: WONDROUS LOVE

Rule in This Place
5장 마지막에 가사와 설명을 보라.
Text and tune: gap2Theos (1988?)

Wondrous Love
6장 마지막에 가사와 설명을 보라.
Text and Tune: gap2Theos (2010; 14) / Tune: TRIUNE BLISS

The Wall Brought Down
7장 마지막에 가사와 설명을 보라.
Text and Tune: gap2Theos (2010; 14) / Tune: BROKEN WALL

To Hear as Those Well Taught
8장 마지막에 가사와 설명을 보라.
The Tune is called KINGSFOLD.

Holy Communion / koinonia(κοινωνία)
9장 마지막에 가사와 설명을 보라.
Text & tune κοινωνία/KOINONIA: gap2Theos & George MacDonald (2016, 22)

Follow Your Lord
10장 마지막에 가사와 설명을 보라.
Text and Tune: gap2Theos (1983)

Like a Well-Weaned Child / Psalm 131
11장 마지막에 가사와 설명을 보라.
Text and Tune: gap2Theos (1996)

SEE THE SCARS

12장 마지막에 가사와 설명을 보라.

Text and Tune: gap2Theos (1986)

Into the Waters Deep

13장 마지막에 가사와 설명을 보라.

Text: gap2Theos (2006) Tune: DEEP WATERS

ONESIMUS (Philemon)

마무리하는 글에 있는 가사와 설명을 보라.

Text & Tune: gap2Theos (1993)

이 모든 노래는 게리의 유튜브 채널(gap2Theos)에서 찾을 수 있다.

https://tinyurl.com/theheartofaservant

My CCLI Copyright number for these songs is

CAT26863

부록 2

Recommended Reading for St. Francis of Assisi
(아시시의 성 프란시스에 대한 추천 도서 목록)

G. K. Chesterton, *Saint Francis of Assisi* (Brewster, MA: Paraclete Press, 2009)

Duane Arnold and George Fry, *Francis: A Call to Conversion* (Grand Rapids, MI: Zondervan Publishing House, 1988)

Saint Bonaventure, *The Life of St. Francis of Assisi* (Gastonia, NC: Tan Books, 2010)

Augustine Thomas, O.P., *Francis of Assisi: A New Biography* (Ithaca, NY: Cornell University Press, 2012)

Omer Englebert, *Saint Francis of Assisi* (Ann Arbor, MI: Servant Books, 1965)

Jon M. Sweeney, *The St. Francis Prayer Book* (Brewster, MA: Paraclete Press, 2004)

Jon M. Sweeney, Translator, *Francis of Assisi In His Own Words : The Essential Writings* (Brewster, MA: Paraclete Press, 2018)

종의 마음
2024년 1월 19일 1판 1쇄 펴냄

지은이	오대원, 게리 패럿
옮긴이	김성보
펴낸곳	도서출판 예수전도단
출판 등록	1989년 2월 24일(제2-761호)
주소	서울특별시 강서구 양천로 424 가양역 데시앙플렉스 지식산업센터 530호
전화	02-6933-9981 · **팩스** 02-6933-9989
홈페이지	www.ywampubl.com

ISBN 978-89-5536-638-9

책값은 뒤표지에 있습니다.
잘못된 책은 바꾸어 드립니다.